CR
CHRISTOPH RÜFFER

ZUHAUSE KOCHEN UND GENIESSEN

mosaik

CHRISTOPH RÜFFER

ZUHAUSE KOCHEN UND GENIESSEN

Meine Lieblingsrezepte aus der Sterneküche – von einfach bis raffiniert

FOTOGRAFIERT UND HERAUSGEGEBEN
VON JAN-PETER WESTERMANN

mosaik

I

INHALT

W

WILLKOMMEN

Liebe Freunde des guten Geschmacks,
herzlich willkommen in meiner Küche!

Ich freue mich riesig, dass Sie mit mir kochen möchten – und natürlich auch genießen. Genuss gehört zu meinem Leben, und für mich stand schon immer fest, dass ich ein Kochbuch schreiben möchte. Es ist ein besonderes, ganz persönliches Kochbuch geworden: eine Sammlung von Rezepten, die ich daheim für meine Familie zubereite.

Haben Sie sich nicht auch schon gefragt, was ein Profikoch zuhause kocht?

» HABEN SIE SICH NICHT AUCH SCHON GEFRAGT, WAS EIN PROFIKOCH ZUHAUSE KOCHT? «

Gerade in der letzten Zeit mit ihren besonderen Herausforderungen und einer scheinbar nicht enden wollenden Zwangspause für mich als Küchenchef des Restaurants »Haerlin« im »Fairmont Hotel Vier Jahreszeiten« habe ich so oft zuhause für meine Familie gekocht wie nie zuvor. In diesen Monaten sind viele neue Rezepte entstanden.

Meine Familie – das sind meine Freundin Roya und meine Töchter Sophia und Zoe. Sie alle haben Anteil an diesem Buch mit seinen vielfältigen Gerichten, denn jeder hat seine eigenen Vorlieben beim Essen. Während Roya die mediterrane Küche mit ihren Kräutern, Gewürzen und Düften liebt, mag Sophia am liebsten leichte Salate, ein wenig Fisch und viel Gemüse. Zoe kommt ganz nach mir. Wir beide lieben es auch mal deftig oder süß mit vielen frischen Beeren und knackigen Nüssen. In dieser Vielfalt der Geschmäcker liegt der Reiz für mich, althergebrachte Familienrezepte zu verfeinern und zu perfektionieren, Neues zu entdecken und zu rezeptieren.

Mein Kochbuch ist nach Zutatengruppen gegliedert, damit Sie auf einen Blick Ihre persönliche Lieblingszutat mit den dazu passendenden Rezepten finden. Diese sind unterteilt in »für den Alltag«, »für das Wochenende« und »für den besonderen Anlass«. Unter der Woche soll es einfacher und schneller in der Küche gehen, während ich am Wochenende gerne aufwändiger koche und die Zeit der Zubereitung bei einem Glas Wein genieße. An Geburtstagen oder Festtagen darf es gerne etwas Besonderes sein mit raffinierten Zutaten und besonders schönen Gerichten.

An dieser abwechslungsreichen Rezeptsammlung mit meinen neuen Ideen und bewährten Tricks und Kniffen möchte ich Sie teilhaben lassen. Ich hoffe, dass ich das große Glück des Kochens mit diesem Buch an Sie weitergeben kann.

Christoph Rüffer

S

SALAT

Salat ist so wunderschön vielseitig wie die Natur. Darf es ein knackiger Eichblattsalat sein oder lieber ein herber Trevisano? Ein nussiger Feldsalat schmeckt zu deftigen Speisen und ein saftiger Kopfsalat zu feinen Fischgerichten. Oder wie wäre es mit einer Kombination mit Gemüsen und Früchten? Salat ist unendlich kombinierbar, der Kreativität sind keine Grenzen gesetzt.

Das weiß ich aus eigener Erfahrung, denn meine Tochter Sophia liebt Salat und ist eine Meisterin des Kombinierens. Sie überrascht mich jedes Mal wieder mit ihren neuen Kreationen. Und deshalb möchte ich Sie, liebe Leser, und dich, mein Töchterchen, mit den folgenden drei Salatrezepten überraschen.

AVOCADO-KIRSCH-SALAT MIT GEBRATENEM SCHAFSKÄSE

FÜR 2 PERSONEN

AVOCADO-KIRSCH-SALAT

1 Avocado
1 kleine rote Zwiebel
100 g Kirschen
100 g rote Cherrytomaten
100 g gelbe Cherrytomaten
1 Bio-Zitrone
3 EL Olivenöl
1 EL Honig
4 Stängel Dill
4 Stängel Petersilie
1 EL heller Sesam
Salz, Pfeffer

GEBRATENER SCHAFSKÄSE

300 g Schafskäse (Feta)
2 EL Mehl
60 g Butterschmalz
etwas grober Pfeffer

1 Für den Avocado-Kirsch-Salat die Avocado schälen und halbieren. Den Kern herausnehmen und die Avocado in Würfel schneiden.

2 Die rote Zwiebel schälen, vierteln und in Streifen schneiden. Die Kirschen waschen, halbieren und entkernen.

3 Beide Sorten Cherrytomaten waschen und halbieren und zusammen mit den Kirschen, den Zwiebelstreifen und den Avocadowürfeln in eine Schüssel geben.

4 Die Zitrone etwas abreiben. Den Abrieb und den ausgepressten Zitronensaft mit Olivenöl und Honig in einer zweiten Schüssel verrühren und mit Salz und Pfeffer abschmecken.

5 Dill und Petersilie waschen, abtropfen lassen und die Blätter von den Stielen zupfen. Die Kräuterblätter fein hacken und zusammen mit der Vinaigrette zu den Salatzutaten geben und verrühren.

6 Den hellen Sesam in einer Pfanne leicht bräunen und zum Avocado-Kirsch-Salat geben.

7 Für den gebratenen Schafskäse den Feta in Mehl wenden und in einer Pfanne in heißem Butterschmalz beidseitig goldbraun braten. Anschließend den Schafskäse auf Küchenkrepp kurz abtropfen lassen und diagonal halbieren. Mit grobem Pfeffer würzen.

8 Den Salat auf Tellern anrichten und den gebratenen Schafskäse dazu reichen.

GELBER LINSENSALAT MIT MANGO & GEGRILLTEM SENFHÄHNCHEN

FÜR 2 PERSONEN

LINSENSALAT

2 Gelbe Bete
2 EL Olivenöl
100 g gelbe Linsen
2 gelbe Chicorée
100 g Friséesalat
1 Mango
2 Zweige Minze
80 ml Rapsöl
80 ml weißer Balsamicoessig
1/2 Zitrone
Salz, Pfeffer

SENFHÄHNCHEN

2 Hähnchenbrüste à 150 g
50 g grober Senf
50 ml Pflanzenöl
Salz, Pfeffer

1 Für den Linsensalat zunächst die Gelbe Bete waschen und jede auf ein Stück Alufolie legen. Jeweils 1 EL Olivenöl und etwas Salz über die Bete geben und in die Alufolie einschlagen.

2 Die Bete auf ein Backblech setzen und im 180 °C heißen Umluftofen je nach Größe ca. 90 Minuten in der Alufolie weich garen. Anschließend abkühlen lassen, die Bete pellen und in Spalten schneiden.

3 Die gelben Linsen in kochendem Salzwasser 4 Minuten garen und dann kalt abschrecken. Den gelben Chicorée waschen, das untere Drittel vom Strunk abschneiden und den Chicorée in Stücke teilen. Den Friséesalat waschen, trockenschleudern und kleinzupfen.

4 Die Mango schälen, den Kern herausschneiden und das Fruchtfleisch der zwei Mangohälften würfeln. Die restlichen Stücke der Mango in ein hohes Gefäß geben und mit dem Pürierstab fein mixen.

5 Die Minze waschen, abtropfen lassen und die Blätter von den Zweigen zupfen. Die Minzblätter sehr fein hacken und zusammen mit dem Mangopüree, dem Rapsöl, dem weißen Balsamicoessig, 3 EL Wasser und dem Saft einer halben Zitrone verrühren. Mit Salz und Pfeffer abschmecken.

6 In einer Schüssel die Gelbe Bete, die Linsen, den Chicorée, den Friséesalat und die Mangowürfel mit der Salatsauce marinieren. Mit Pfeffer abschmecken.

7 Für das Senfhähnchen die Hähnchenbrüste mit Salz und Pfeffer würzen. Den groben Senf in einer Schüssel mit dem Pflanzenöl verrühren und die Hähnchenbrüste beidseitig damit bestreichen.

8 Die Hähnchenbrüste auf einem Holzkohlegrill oder in einer Grillpfanne bei mäßiger Hitze von beiden Seiten garen.

9 Die gerillten Senfhähnchenbrüste längs in Scheiben aufschneiden und mit dem gelben Linsensalat auf den Tellern anrichten.

ROTER SALAT MIT WALNÜSSEN & QUINOA

FÜR 2 PERSONEN

3 Rote Bete
3 EL Olivenöl
3 rote Chicorée
1 Radicchio
4 TL Senf
6 EL Apfel-Balsamicoessig
3 TL Honig
4 EL Walnussöl
2 EL Rapsöl
200 ml Rote-Bete-Saft
40 g Granatapfelkerne
125 g Himbeeren
Salz, Pfeffer
30 g Walnüsse
20 g Zucker
30 g roter Quinoa
Salz

1 Die Rote Bete waschen und auf je ein Stück Alufolie legen. Mit jeweils 1 EL Olivenöl und etwas Salz würzen und in die Alufolie wickeln. Die Rote Bete auf ein Backblech setzen und im 180 °C heißen Umluftofen je nach Größe ca. 90 Minuten weich garen.

2 Die Rote Bete abkühlen lassen, pellen und in Spalten schneiden.

3 Den roten Chicorée waschen und das untere Drittel am Strunk abschneiden. Den Chicorée in Stücke teilen.

4 Den Radicchiosalat gut waschen und trockenschleudern. Die einzelnen Radicchioblätter in Stücke zupfen und zusammen mit dem Chicorée und den Rote-Bete-Spalten in eine Schüssel geben.

5 Senf, Apfel-Balsamicoessig, Honig, Walnussöl und Rapsöl in einer zweiten Schüssel verrühren und mit Salz und Pfeffer abschmecken.

6 Den Rote-Bete-Saft in einem Topf erhitzen und auf 40 ml einkochen lassen. Die Rote-Bete-Reduktion in das Dressing rühren.

7 Die Granatapfelkerne und die Himbeeren mit dem Dressing zu den Salatzutaten in die Schüssel geben und alles zusammen marinieren.

8 Die Walnüsse mit Zucker und 20 ml Wasser in eine beschichtete Pfanne geben und aufkochen. Die Walnüsse ständig bewegen, bis das Wasser ganz verdampft ist und der Zucker goldgelb karamellisiert. Die karamellisierten Walnüsse auf Backpapier legen und dabei aufpassen, dass sie nicht aneinanderkleben. Die Walnüsse abkühlen lassen.

9 Den roten Quinoa in kochendem Salzwasser 15 Minuten garen und anschließend in einem Sieb abgießen.

10 Den gekochten Quinoa mit einem Portionsring in die Mitte der Teller setzen. Den Salat auf dem Quinoa anrichten und die karamellisierten Walnüsse darüber verteilen.

W

WIE ICH ZUM GENUSSMENSCHEN WURDE

Schon als kleiner Junge hatte ich ein Faible für gutes Essen. Meine Tante Berta hat jeden Tag für unsere ganze Familie gekocht, da meine Mutter und mein Vater berufstätig waren und meine Oma noch ihr Geschäft für Haushaltswaren und Geschenkartikel hatte. Während Tante Berta kochte, stand ich neben ihr auf einem kleinen Holzschemel, von dem aus ich auf den Herd schauen konnte. Ich bekam auch ein kleines Messerchen zum Schnippeln von ihr geschenkt. Die besorgten Blicke meiner Eltern konterte meine Tante mit dem Satz »Der Junge schneidet sich schon nicht«. Unter Bertas Obhut hatte ich eine Menge Spaß in der Küche, und ich lernte viel von ihr.

Tante Berta besaß einen wunderschönen Garten mit Obstbäumen, Beerensträuchern und Gemüsebeeten, in dem ich eine herrliche Zeit verbrachte. Meine Begeisterung war grenzenlos, und bald hatte ich mein eigenes Gemüsebeet und pflanzte Karotten, Tomaten, Petersilie, Lauchzwiebeln, Dill und Salat. Diese Freude an der Natur, an ihrer Vielfalt, an ihren Früchten und an deren Zubereitung machte ich zu meinem Hobby.

» **DIE ARBEIT IN EINER KÜCHE IST LAUT, HEKTISCH, HEISS UND ABSOLUT FASZINIEREND.** «

Dann kam der Tag, an dem ich, mittlerweile 14 Jahre alt, zum ersten Mal eine Folge von »Essen wie Gott in Deutschland« sah. Das war eine sonntägliche Fernsehsendung, in der bekannte Küchenchefs vor der Kamera ihre besten Gerichte zauberten. Heute würde man dazu »Kochshow« sagen. Ich war fasziniert und schrieb mir die Rezepte auf. Von Tante Berta bestens auf das Kochen vorbereitet, machte ich mich anschließend ans Werk und versuchte mich an deren Zubereitung. Das Ergebnis war durchwachsen: Eine mit Semmelknödelmasse gefüllte Kalbsbrust gelang mir vortrefflich, während meine Cremesuppe von Grünkohl schlichtweg ungenießbar war. Aber ich hatte Vergnügen am handwerklichen Zubereiten und beim Probieren der Gerichte, auch wenn es mal Rückschläge gab. Meinen Eltern blieb dies nicht verborgen, kamen sie doch in den Genuss des einen oder anderen Rezepts.

So reifte in mir der Entschluss, eine Kochausbildung zu machen. Ich hatte Glück und ergatterte einen Praktikumsplatz in einer der besten Küchen meiner Heimatstadt Essen. Und was soll ich Ihnen sagen? Ich war vom ersten Tag an begeistert! Die Arbeit in einer Küche ist laut, hektisch, heiß und absolut faszinierend.

Ein Jahr danach fing ich meine Kochausbildung im »Sheraton Hotel« in Essen an, sehr zum Leidwesen meiner Eltern. Bis zuletzt hatten sie gehofft, ich würde die Goldschmiede meines Vaters übernehmen oder eine Banklehre machen. Heute sind sie überglücklich, dass ich Koch geworden bin. Und wenn ich sie in Essen besuche, koche ich auch heute noch für sie, immer das, was sie sich wünschen.

Nach meiner Kochausbildung zog es mich fort aus Essen. Koch ist einer der wenigen Lehrberufe, in denen es üblich ist, Erfahrungen in unterschiedlichen Küchen und an verschiedenen Orten zu sammeln, ähnlich wie bei den Zimmermännern. Dabei trainiert man seinen Geschmackssinn und erlernt wertvolle Techniken.

Auf meiner ersten Berufsstation verschlug es mich nach München. Das Restaurant hieß »Le Gourmet«, und der Küchenchef und Patron war Otto Koch. Otto, wir duzen uns heute, war einer der besten Lehrmeister, die ich erleben durfte. Seine ruhige und konzentrierte Art, sein Gespür für die richtigen Aromen und seine kreative Regionalküche zeichneten ihn deutschlandweit aus. Ich kam einen Tag zum Probekochen in sein Restaurant und durfte zum ersten Mal mit Artischocken arbeiten. Mir ist und war immer wichtig, etwas zu lernen und mich weiterzuentwickeln, und mein Gespür sagte mir damals, dass ich dafür im »Le Gourmet« am richtigen Ort war. Nach dem Probekochen bat Otto Koch mich zum Vorstellungsgespräch. Er war mit meiner Arbeit zufrieden und erzählte etwas von Sternen, Hauben und Punkten in verschiedenen Restaurantführern. Ich verstand nur Bahnhof, nickte aber wissend, denn ich wollte unbedingt bei ihm anfangen. Und so bekam ich den Job. Erst später erfuhr ich, was diese verschiedenen Auszeichnungen für ein Restaurant bedeuten, sind sie doch die Reflexion der geleisteten Arbeit und ein Aushängeschild für die Qualität eines Restaurants.

» MIR IST UND WAR IMMER WICHTIG, ETWAS ZU LERNEN UND MICH WEITERZUENTWICKELN. «

Auf München folgte meine Station im Restaurant »Residence« in Essen, einem Haus mit einer der kreativsten Küchen des Landes. Hätte ich nicht schon bei Otto Feuer gefangen fürs Kochen, so wäre es spätestens hier um mich geschehen gewesen. Die Küche des »Residence« war für mich ein Traum an erschmeck- und erlebbaren Kochqualitäten. Das Küchenchef-Duo Berthold Bühler und Henri Bach zauberte sagenhafte Geschmackskombinationen – für mich als heranreifenden Genussmenschen ein absoluter Lottogewinn.

Dem Ruf des Ruhms folgend, wechselte ich anschließend in die legendäre »Schwarzwaldstube« nach Baiersbronn und im Anschluss in die ebenfalls bestausgezeichnete Küche des »Hotel Bareiss« im Schwarzwald. Harald Wohlfahrt und Klaus Peter Lumpp stehen für kompromisslose Qualität, Disziplin, klassisches Kochhandwerk auf Spitzenniveau, Perfektion, Einfallsreichtum und Ehrbarkeit. Sie haben eine Vielzahl an Spitzenköchen ausgebildet und geprägt, und mit einigen von ihnen durfte ich damals zusammen in der Küche stehen.

Mit 25 Jahren absolvierte ich die Prüfung zum Küchenmeister und wechselte danach ins »Fährhaus« in Munkmarsch auf Sylt. Zusammen mit Alessandro Pape bildeten wir 1999 ein Küchenchef-Duo, um auf der Insel für Furore zu sorgen. Der Erfolg ließ nicht lange auf sich warten: Wir wurden von allen renommierten Restaurantführern ausgezeichnet und gehörten zu den 50 besten Küchen Deutschlands.

Dort auf Sylt kam ich mit der Natur des Nordens in Berührung. Eine wunderbare Natur mit Salzwiesen, Küstenkräutern, Knickfrüchten, dem weiten Meer und seinen Lebewesen. Der Norden hat mich begeistert. Die raue Natur mit ihren salzig-feinen Aromen, die Vielfalt der Meeresfrüchte und Fische, das würzige Fleisch. Hier wurde ich endgültig zum absoluten Genussmenschen.

Als 2002 ein Küchenchef für das Restaurant »Haerlin« im »Hotel Vier Jahreszeiten« in Hamburg gesucht wurde, bewarb ich mich kurzerhand. Sylt war ein Traum gewesen, und ich wusste nun, was ich eigentlich kochen wollte: meine Küche der Aromen und der Vielfalt.

Heute bin ich schon seit 19 Jahren Mitglied des wunderbarsten Teams, das ich je erleben durfte, und gebe gern mein Wissen an meine Mannschaft weiter.

War es mir in meinen Lehr- und Wanderjahren nicht vergönnt gewesen, Erfahrungen im Ausland zu sammeln, so kann ich nun als Gastkoch ferne Länder bereisen und meine Gerichte dort präsentieren.

Im Laufe der Jahre habe ich eine Vielzahl von Messern benutzt und gesammelt, aber das kleine Messerchen von meiner Tante Berta halte ich voller Stolz und Freude immer noch besonders in Ehren. Tante Berta hat damals den Grundstein für meine Entwicklung zum Genussmenschen gelegt, und dafür bin ich ihr sehr dankbar.

T

TOMATE

Es gibt kaum eine Zutat, die sich so vielfältig einsetzen lässt wie die Tomate. Und es gibt eine schier endlose Vielfalt an Tomatensorten: Ob eine rote »Chadwick's Cherry«, eine gelbe »Küstengold«, eine grüne »Green Zebra«, eine orange »Valencia« oder eine blau-violette »Bosque Blue Bumblebee« - ich liebe sie alle!

Tomaten sind süß, würzig, mild, kräftig, fleischig, fruchtig, zart und knackig - eine echte Vielfalt und ein großer Genuss. Deshalb dürfen sie in meiner Küche nicht fehlen. Jeden Sommer fahre ich zu einem nahen Bio-Hof in Schleswig-Holstein und pflücke sie dort selbst. Das macht nicht nur Spaß, sondern ist auch herrlich erholsam, und es erdet mich.
Übrigens sind in der Sommersonne gereifte und dann eingemachte Tomaten eine herrliche Kostbarkeit für die Winterzeit. Ich verwende sie gerne für eine feine und außergewöhnliche Tomatensauce. Sie finden das Rezept auf Seite 27.

BOWL MIT GESCHMOLZENEN TOMATEN, BASMATIREIS & FRÜHLINGSLAUCH

FÜR 2 PERSONEN

GESCHMOLZENE TOMATEN

500 g kleine rote Cherrytomaten
1 Knoblauchzehe
30 ml Olivenöl
4 dünne Scheiben Ingwer
3 Limettenblätter
Salz, Pfeffer, Zucker

BASMATIREIS

1 rote Zwiebel
10 ml Reisessig
100 g Basmatireis
1 Bund Frühlingslauch
1/2 Bund Koriander
2 EL Röstzwiebeln
Salz, Zucker

1 Die Cherrytomaten waschen und halbieren. Die Knoblauchzehe schälen und fein würfeln.

2 20 ml Olivenöl in einem kleinen Topf erhitzen und die Knoblauchwürfel darin anschwitzen. Von den halbierten Cherrytomaten 250 g abwiegen und mit anschwitzen. Die Ingwerscheiben und Limettenblätter zugeben, alles leicht salzen und bei geringer Hitze ca. 10 Minuten köcheln lassen.

3 Wenn die Tomaten verkocht sind, die Masse kurz pürieren und durch ein Sieb in einen zweiten Topf passieren. Die restlichen 250 g Cherrytomaten in die Tomatensauce geben und alles aufkochen lassen. Die geschmolzenen Tomaten mit Salz, Pfeffer und etwas Zucker abschmecken und die restlichen 10 ml Olivenöl einrühren.

4 Die rote Zwiebel schälen und in feine Streifen schneiden. Die Zwiebelstreifen mit Salz und Zucker würzen und mit dem Reisessig 30 Minuten marinieren.

5 Den Basmatireis gründlich waschen und in 250 ml leicht gesalzenem Wasser 10-15 Minuten leicht köcheln lassen. Den Frühlingslauch waschen und in feine Scheiben schneiden. Den Koriander ebenfalls waschen und die Blätter in Streifen schneiden.

6 Den gegarten Basmatireis in die Mitte einer Bowl geben und die geschmolzenen Tomaten darauf verteilen. Die Zwiebelstreifen aus der Marinade nehmen und mit Frühlingslauch, Koriander und Röstzwiebeln dekorativ auf der Bowl verteilen.

BUNTER TOMATENSALAT MIT BURRATASCHAUM

FÜR 2 PERSONEN

TOMATENSALAT

1 rote Tomate
1 grüne Tomate
1 gelbe Tomate
1 orange Tomate
3 rote und 3 gelbe Cherrytomaten
1 Schalotte
60 ml dunkler Balsamicoessig
80 ml Olivenöl
60 g Basilikumblätter
Salz, Zucker, Pfeffer

BURRATASCHAUM

100 g Burrata
40 ml Milch
30 g saure Sahne
30 g Crème double
30 g Frischkäse
Tabasco
Zitronensaft
8 Basilikumspitzen
1 Zweig Zitronenthymian
10 Safranfäden
etwas grober Pfeffer
grobes Meersalz
Salz

1 Die großen Tomaten waschen, halbieren und in Scheiben schneiden. Die roten und gelben Cherrytomaten waschen und halbieren.

2 Die Schalotte schälen und in feine Würfel schneiden. 20 g Schalottenwürfel in eine Schüssel geben, mit dem dunklen Balsamicoessig mischen und mit Salz, Pfeffer und Zucker abschmecken.

3 Das Olivenöl in einem Topf auf 70°C erhitzen. Anschließend mit den Basilikumblättern in einen Mixer geben und für 2 Minuten auf höchster Stufe mixen. Durch ein feines Passiertuch geben und das grüne Öl auffangen.

4 Für den Burrataschaum den Burrata zusammen mit der Milch pürieren und durch ein Sieb in eine Schüssel passieren. Saure Sahne, Crème double und Frischkäse zugeben und alles mit einem Schneebesen glattrühren.

5 Anschließend mit etwas Tabasco, Zitronensaft und Salz abschmecken und in eine Espuma-Flasche abfüllen. Eine Patrone auf die Flasche schrauben und kräftig schütteln. Sollte der Schaum am Anfang noch etwas dünn sein, die Espuma-Flasche so lange schütteln, bis ein schöner Schaum entsteht.

6 Die geschnittenen Tomaten auf zwei Teller verteilen und mit etwas Salz und Pfeffer würzen. Die Balsamico-Vinaigrette und das grüne Basilikumöl über die Tomaten träufeln. Den Burrata-Schaum in die Mitte aufspritzen und mit Basilikumspitzen, Zitronenthymianblättern, Safranfäden, grobem Pfeffer und Meersalzflocken garnieren.

TIPP: BITTE DARAUF ACHTEN, DASS ALLE ZUTATEN SCHÖN KALT SIND!

ROTE GARNELEN MIT TOMATEN-VANILLEJUS & GEGRILLTER AVOCADO

FÜR 2 PERSONEN

GARNELEN

4 große rote Garnelen
4 EL Olivenöl
1/2 Limette
Salz, Pfeffer

TOMATEN-VANILLEJUS

800 g eingeweckte Tomaten oder geschälte Tomaten aus der Dose
1 Vanilleschote
100 g Zucker
1 TL Speisestärke
Salz

GEGRILLTE AVOCADO

2 Avocados
4 EL Olivenöl
1 Limette
1 Schale Korianderkresse
Salz, Pfeffer

1 Die roten Garnelen aus ihrer Schale lösen und mit Hilfe eines kleinen Messers den Darm entfernen. Die Garnelen mit Salz und Pfeffer würzen und in einer Pfanne bei mittlerer Temperatur in Olivenöl beidseitig für 3 Minuten sanft braten. Mit etwas abgeriebener Limettenschale und einigen Spritzern Limettensaft würzen.

2 Die Tomaten mit einem Stabmixer pürieren und über einer Schüssel in einem Passiertuch aufhängen, so dass der Tomatensaft abtropfen kann. Mit den Händen etwas nachdrücken, um 600 ml roten Tomatensaft zu erhalten.

3 Den Tomatensaft in einem kleinen Topf zum Kochen bringen. Die Vanilleschote halbieren und zusammen mit dem ausgekratzten Vanillemark dazugeben. Alles leicht köchelnd auf 100 ml reduzieren lassen. Den Zucker zugeben und mit etwas Salz abschmecken. Die Tomaten-Vanillejus durch ein Sieb passieren und mit etwas kalt angerührter Speisestärke leicht binden.

4 Die Avocados schälen, halbieren und den Kern herauslösen. Vier daumendicke Scheiben abschneiden und mit Olivenöl bepinseln. Die Avocadoscheiben in einer Grillpfanne oder über einem Holzkohlengrill beidseitig grillen und mit Salz und Pfeffer würzen.

5 Die restliche Avocado mit einer Gabel zu einem groben Mus zerdrücken, mit etwas Limettensaft beträufeln und mit Salz und Pfeffer würzen.

6 Die gegrillten Avocadoscheiben und das Avocadomus auf den Tellern verteilen. Die gegarten roten Garnelen anlegen und etwas von der Tomaten-Vanillejus angießen. Mit Korianderkresse bestreut servieren.

TIPP: DIE SCHÖNSTEN GARNELEN SIND GROSSE, FEUERROTE CARABINEROS. SIE HABEN EINEN FEIN SÜSSLICHEN GESCHMACK UND INNEN EIN GANZ WEISSES GARNELENFLEISCH.

E

EIER

Eieiei … das Ei ist ein Geschenk der Natur. Sein Eigelb, auch Dotter genannt, enthält den Emulgator Lecithin, der die Bindung einer Mayonnaise oder einer Sauce hollandaise ermöglicht. Das Eiweiß oder Eiklar dient in der Küche zur Herstellung von Baiser oder wunderbar fluffigen Soufflés. Natürlich kann man das Ei auch als Ganzes verwenden, wie z. B. in Teigen, Salaten, Panaden, Frühstücksgerichten oder auch für Eierlikör.

Das Ei dient als Symbol des kommenden Frühlings. Gibt es etwas Schöneres, als am Ostermorgen handbemalte Eier im Garten zu suchen? Die folgenden Gerichte rund um das Ei schmecken aber nicht nur zu Ostern.

RÖSTBROT MIT INDISCHEM EIERSALAT & FRÜHLINGSLAUCH

FÜR 2 PERSONEN

3 Eier
70 g Mayonnaise
1/4 TL Kurkuma
1/4 TL Currypulver
1/2 Zitrone
1 Bund Frühlingslauch
2 Scheiben Sauerteigbrot
2 EL Olivenöl
6 Stängel Koriander
4 Cherrytomaten
1/2 TL schwarzer Pfeffer
Salz

1 Die Eier 10 Minuten kochen, anschließend kurz unter kaltem Wasser abschrecken und pellen.

2 Die Mayonnaise in einer Schüssel mit Kurkuma und Currypulver verrühren und mit etwas Zitronensaft und Salz abschmecken.

3 Den Frühlingslauch waschen und in feine Ringe schneiden. Die gepellten Eier kleinschneiden und mit der Hälfte des Frühlingslauchs zur Mayonnaise geben. Alles locker vermengen.

4 Das Sauerteigbrot mit etwas Olivenöl bepinseln und in einer Grillpfanne auf beiden Seiten rösten. Den Eiersalat auf die gegrillten Brotscheiben geben.

5 Den Koriander waschen und die Blätter von den Stielen zupfen. Die Cherrytomaten in Scheiben schneiden und den schwarzen Pfeffer in einem Mörser grob zerstoßen.

6 Nun den Eiersalat mit dem restlichen Frühlingslauch, Korianderblättern, Tomatenscheiben und gemörsertem Pfeffer garnieren.

GEBACKENER BLUMENKOHL MIT EI-KAPERN-VINAIGRETTE

FÜR 2 PERSONEN

EI-KAPERN-VINAIGRETTE

2 Eier
1 kleine rote Zwiebel
1/2 Bund Schnittlauch
20 g kleine Kapern
2 rote Tomaten
1 gelbe Tomate
30 ml weißer Balsamicoessig
50 ml Traubenkernöl
1 Msp. Vadouvan-Gewürzpulver
Salz, Pfeffer, Zucker

GEBACKENER BLUMENKOHL

1 Blumenkohl
15 g Panko-Panierbrot
30 g Butter
Salz, grobes Meersalz

1 Für die Ei-Kapern-Vinaigrette die Eier 10 Minuten hart kochen, dann kalt abschrecken und pellen. Danach die Eier in kleine Würfel schneiden und in eine Schüssel geben.

2 Die rote Zwiebel schälen und fein würfeln. Den Schnittlauch in Röllchen schneiden und zusammen mit den Zwiebelwürfeln und den Kapern zu den Eiern geben.

3 Die Tomaten einritzen, kurz in heißem Wasser überbrühen und in Eiswasser abschrecken. Die Haut von den Tomaten abziehen. Danach die Tomaten vierteln, entkernen und in Würfel schneiden. Die Tomatenwürfel zu den Eiern geben.

4 Den weißen Balsamicoessig mit dem Traubenkernöl verrühren und mit Vadouvan-Gewürzpulver, Salz, Pfeffer und Zucker abschmecken. Anschließend die geschnittenen Zutaten in die Vinaigrette geben und alles vermengen.

5 Für den gebackenen Blumenkohl den Strunk vorsichtig möglichst so weit herausschneiden, dass der Blumenkohl noch in einem Stück zusammenbleibt. Den Blumenkohl gut waschen, von allen Seiten salzen und in eine Auflaufform setzen. Etwas Wasser dazugeben, bis der Boden der Form bedeckt ist.

6 Den Blumenkohl im 180°C heißen Umluftofen ca. 60 Minuten braun rösten. Nach Ablauf der Zeit den Garpunkt des Blumenkohls mit einem Schaschlikspieß überprüfen. Ist der Kohl noch zu fest, den Garprozess verlängern.

7 Das Panko-Panierbrot zusammen mit der Butter in einer kleinen Pfanne zu goldbraunen Butterbröseln rösten und leicht salzen.

8 Den gebackenen Blumenkohl auf eine Servierplatte setzen, die Butterbrösel darüber verteilen und mit grobem Meersalz bestreuen. Die Ei-Kapern-Vinaigrette um den Kohl herumgießen oder in einer Sauciere dazu reichen.

»CRAB BENEDICT«-TOASTIES MIT POCHIERTEM EI, TASCHENKREBSTATAR & WASABI-HOLLANDAISE

FÜR 2 PERSONEN

TOASTIES

125 ml Milch
1/4 Würfel Hefe (11 g)
1 TL Zucker
220 g Mehl Type 550
25 g weiche Butter
1/2 TL Salz
2 EL Hartweizengrieß
1 EL Butter
1 Avocado

TASCHENKREBSTATAR

2 gekochte Taschenkrebsscheren
2 EL Zitronenöl
1/2 Zitrone
Salz, Pfeffer

WASABI-HOLLANDAISE

1 Schalotte
40 ml Weißwein
20 ml Estragonessig
4 Pfefferkörner
2 Eigelb
1 TL grüne Wasabicreme
100 g Butter
1/2 Zitrone
Salz

POCHIERTE EIER

2 Eier
4 EL heller Essig
Salz
20 g gemischte Kräuter
20 g Forellenkaviar

1 Für die Toasties die Milch in einem Topf lauwarm erhitzen. Die Hefe in eine Schüssel bröseln und die Milch hinzugeben. Den Zucker sowie 100 g Mehl zugeben und mit einem Schneebesen zu einem glatten Teig verrühren.

2 Den Teig abgedeckt 15 Minuten gehen lassen. Anschließend das restliche Mehl, die weiche Butter und das Salz hinzufügen und alles zu einem Teig verkneten. Den Teig auf einer bemehlten Arbeitsfläche etwa 1 cm dick ausrollen und mit einem runden Ausstecher 8 cm große Kreise ausstechen.

3 Ein tiefes Backblech mit Backpapier auslegen und gleichmäßig mit 1 EL Hartweizengrieß bestreuen. Die ausgestochenen Kreise darauf auslegen und mit dem restlichen Hartweizengrieß bestreuen. Mit einem Küchentuch bedecken und 60 Minuten gehen lassen.

4 Danach die Toasties in einer beschichteten Pfanne bei mittlerer Temperatur auf beiden Seiten je 4 Minuten hellbraun rösten und für weitere 6 Minuten im 180 °C heißen Umluftofen backen. Die fertigen Toasties halbieren und mit etwas Butter bestreichen.

5 Die Avocado schälen, halbieren und den Kern herauslösen. Die Avocadohälften in Scheiben schneiden, überlappend auf ein Brett auslegen und rund ausstechen. Pro Person zwei Toasties mit runden Avocadokreisen belegen.

6 Die Taschenkrebsscheren vorsichtig ausbrechen und darauf achten, dass keine Schalensplitter in das Krebsfleisch gelangen. Das Taschenkrebsfleisch mit Zitronenöl, etwas Zitronensaft, Salz und Pfeffer würzen.

7 Für die Wasabi-Hollandaise die Schalotte schälen, in Scheiben schneiden und zusammen mit dem Weißwein, dem Estragonessig, den zerdrückten Pfefferkörnern und 2 EL. Wasser in einen kleinen Topf geben. Die Flüssigkeit kochend um die Hälfte reduzieren.

8 Die Reduktion anschließend durch ein Sieb in einen Aufschlagkessel geben. Die Eigelbe und die Wasabicreme zur Reduktion geben und alles zusammen über einem kochenden Wasserbad schaumig aufschlagen.

9 Die Butter in einem Topf erhitzen. Die aufgeschlagene Eigelbmasse vom Wasserbad nehmen und die flüssige Butter zuerst tröpfchenweise, dann in einem dünnen Strahl vorsichtig unterrühren. Die Wasabi-Hollandaise mit einigen Spritzern Zitronensaft und Salz abschmecken.

weiter auf der nächsten Seite ▶

10 Für die pochierten Eier die beiden Eier aufschlagen und jedes in eine Tasse geben. 1 l Wasser mit dem Essig und etwas Salz in einem Topf zum Kochen bringen.

11 Die Temperatur reduzieren. Mit einem Löffel vorsichtig im Topf rühren, so dass sich im heißen Wasser ein Strudel bildet. Die Eier nun einzeln vorsichtig aus den Tassen ins heiße Wasser gleiten lassen und dabei darauf achten, dass sich das Eiklar im Wasserstrudel gut um die Eigelbe hüllt. Bei leicht simmernder Temperatur die Eier für ca. 7 Minuten pochieren und anschließend mit einer Schaumkelle herausnehmen.

12 Die pochierten Eier auf die Avocado-Toasties setzen. Die warme Wasabi-Hollandaise auf die Eier geben und mit den gemischten Kräutern garnieren. Den Forellenkaviar um die »Crab Benedict« herum verteilen und servieren.

TIPP: ANSTELLE VON TASCHENKREBSFLEISCH KÖNNEN SIE AUCH GEPULTE NORDSEEKRABBEN VERWENDEN.

WENN SIE NICHT DIE ZEIT HABEN, DIE TOASTIES SELBER ZU BACKEN, KÖNNEN SIE NATÜRLICH AUCH GEKAUFTE VERWENDEN. DIESE DANN EINFACH VOR DEM ANRICHTEN IM BACKOFEN ERHITZEN.

F

FISCH

Kulinarisch gesehen ist Fisch nicht nur wichtiger Bestandteil einer ausgewogenen Ernährung, sondern er bietet mit seiner Vielzahl an Zubereitungsmöglichkeiten auch unheimlich spannende Genussmomente. Ob gebacken, mariniert, gebraten, pochiert, gebeizt oder geräuchert – Fisch ist für mich als Koch ein weites Betätigungsfeld.

In meiner Kindheit fuhren meine Eltern und ich am Wochenende sehr gerne ins Sauerland zum Wandern. Da gab es die schönsten Forellen, und sie wurden köstlich nach »Müllerin Art« oder als »Forelle blau« zubereitet. Heute wohne ich seit fast 20 Jahren in Hamburg und genieße es, bei meinem Fischhändler Karl Niesen aus dem Vollen schöpfen zu können. Nirgendwo gibt es besseren Fisch in Deutschland als hier. Seine Seezungen sind knackfrisch, die Doraden sind riesengroß und die Barsche haben feuerrote Kiemen, ein absolut zuverlässiges Qualitätsmerkmal.

BACKFISCH MIT SNACKGURKEN-SALAT & ZITRONEN-KAPERN-CRÈME-FRAÎCHE

FÜR 2 PERSONEN

BACKFISCH

100 g Mehl Type 405
15 g Speisestärke
5 g Backpulver
1 Prise Cayennepfeffer
1 Prise Kurkuma
300 g Rotbarschfilet
1 EL Pflanzenöl
Salz, Pfeffer

GURKENSALAT

300 g Snackgurken
20 ml weißer Balsamicoessig
4 Stängel Dill
20 ml Rapsöl
Salz, Pfeffer, Zucker

CRÈME FRAÎCHE

200 g Crème fraîche
20 g Mini-Kapern
1 Bio-Zitrone
1/2 Knoblauchzehe
2 Stängel Dill
Salz, Pfeffer

1 Zuerst den Ausbackteig zubereiten. Dafür 80 g Mehl mit der Speisestärke und dem Backpulver in einer Schüssel vermischen und 150 ml kaltes Wasser einrühren. Eine Prise Cayennepfeffer und etwas Kurkuma zugeben und mit Salz abschmecken. Den Teig glattrühren und 15 Minuten quellen lassen.

2 Das Rotbarschfilet von Haut und Gräten befreien und in größere Stücke teilen. Die Fischstücke salzen und pfeffern und in den restlichen 20 g Mehl von allen Seiten wenden.

3 Das Pflanzenöl in einem Topf oder in einer Fritteuse auf 160 °C erhitzen. Anschließend die Fischstücke einzeln auf einen Holzstab spießen, durch den Ausbackteig ziehen und vorsichtig in das heiße Fett geben. Sobald der Teig am Fisch stockt, den Holzstab entfernen und den Backfisch goldgelb ausbacken. So weiter verfahren, bis alle Fischstücke im Fett ausgebacken sind. Nach dem Frittieren den Backfisch auf Küchenkrepp abtropfen lassen.

4 Für den Gurkensalat die kleinen Gurken waschen und mit Schale dünn hobeln. Die Gurkenscheiben in einer Schüssel mit dem weißen Balsamicoessig marinieren und mit Salz, Pfeffer und Zucker würzen. Die Gurken 30 Minuten ziehen lassen. Den Dill waschen, die Dillspitzen von den Stängeln zupfen, fein schneiden und mit dem Rapsöl zum Gurkensalat geben.

5 Für die Zitronen-Kapern-Crème-fraîche die Crème fraîche mit den abgetropften Kapern in eine Schüssel geben. Den Abrieb der Bio-Zitrone sowie etwas Zitronensaft zugeben. Die halbe Knoblauchzehe schälen, fein würfeln und hinzufügen. Den Dill waschen und die Dillspitzen von den Stängeln zupfen. Die Dillspitzen kleinschneiden und ebenfalls zugeben. Alles miteinander verrühren und mit Salz und Pfeffer abschmecken.

6 Den Backfisch zusammen mit dem Snackgurken-Salat in Schüsseln anrichten und die Zitronen-Kapern-Crème-fraîche dazu reichen.

GEBRATENE BACHFORELLE MIT ORANGEN-FRISÉESALAT

FÜR 2 PERSONEN

BACHFORELLE

2 Bachforellen à 300 g
1/2 Zitrone
50 g Mehl
150 g Butterschmalz
Salz, Pfeffer

ORANGEN-FRISÉESALAT

3 Orangen
1 Schalotte
1 EL weißer Balsamicoessig
3 EL Traubenkernöl
1 TL rote Pfefferbeeren
6 rote Cherrytomaten
6 gelbe Cherrytomaten
1 Bund Radieschen
100 g Friséesalat
2 Stängel Dill
Salz, Pfeffer

1 Die Bachforellen kalt abwaschen und mit Küchenkrepp trockentupfen. Die Flossen mit einer Schere abschneiden und die Forellen mit einigen Spritzern Zitronensaft säuern. Dann mit Salz und Pfeffer von innen und außen würzen und von allen Seiten mit Mehl bestäuben.

2 Das Butterschmalz in einer großen Pfanne erhitzen. Die Bachforellen darin von jeder Seite ca. 6 Minuten braun und knusprig braten.

3 Für den Orangen-Friséesalat die Orangen mit einem scharfen Messer von der Schale befreien und die einzelnen Filets herauslösen. Die Orangenfilets in eine Schüssel geben und aus der restlichen Frucht den Saft auspressen. In einem kleinen Topf den aufgefangenen Orangensaft zum Kochen bringen und auf 4 EL reduzieren.

4 Die Schalotte schälen und in feine Würfel schneiden. Die Schalottenwürfel zusammen mit der Saftreduktion, Balsamicoessig, Traubenkernöl, roten Pfefferbeeren, Salz und Pfeffer in einer Schüssel verrühren und die Orangenfilets darin einlegen.

5 Die roten und die gelben Cherrytomaten waschen und halbieren. Die Radieschen waschen und in Scheiben schneiden. Den Friséesalat waschen, trockenschleudern und fein zupfen. Alles zusammen zum Orangen-Dressing geben und marinieren.

6 Die gebratenen Bachforellen aus der Pfanne nehmen und das Fett kurz abtropfen lassen. Anschließend die Forellen auf Tellern anrichten und den Orangen-Friséesalat dazu reichen. Den Dill waschen, kleine Dillspitzen abzupfen und den Salat damit garnieren.

ZUCKERSCHOTEN-CREMESUPPE MIT WOLFSBARSCHTATAR

FÜR 2 PERSONEN

ZUCKERSCHOTEN-CREMESUPPE

2 kleine Zwiebeln
150 g Sellerieknolle
30 g Lauch
25 g Butter
50 ml Weißwein
500 ml Gemüsebrühe
250 ml Sahne
2 Thymianzweige
250 g Zuckerschoten
60 g Babyspinat
etwas Piment d' Espelette
1/2 Limette
Salz, Pfeffer

WOLFSBARSCHTATAR

1 Wolfsbarschfilet à 250 g
1 EL Olivenöl
1/2 Limette
1/2 Schale Gartenkresse
blaue essbare Blüten, z. B. Vergissmeinnicht
Salz, Pfeffer

1 Für die Zuckerschoten-Cremesuppe die Zwiebeln schälen und in grobe Würfel schneiden. Das Stück Sellerieknolle ebenfalls schälen und grob würfeln. Den Lauch waschen und in Ringe schneiden.

2 Die Butter in einem Topf erhitzen, das geschnittene Gemüse hinzugeben und anschwitzen. Dann mit dem Weißwein ablöschen und mit der Gemüsebrühe auffüllen. Alles zum Kochen bringen und die Flüssigkeit um die Hälfte reduzieren lassen.

3 Die Sahne zugeben und die Thymianzweige einlegen. Die Suppe weitere 10 Minuten köcheln lassen und danach die Thymianzweige entfernen. Die Suppe pürieren und durch ein feines Sieb passieren.

4 Die Zuckerschoten in kochendem Salzwasser blanchieren und in kaltem Wasser abschrecken. Den Babyspinat ebenfalls blanchieren und abschrecken. Zuckerschoten und Babyspinat abtropfen lassen und das Wasser etwas ausdrücken.

5 Die passierte Suppe zusammen mit den Zuckerschoten und dem Babyspinat in einem Mixer auf höchster Stufe 5 Minuten ganz fein pürieren. Im Anschluss nochmals durch ein Sieb passieren.

6 Die Zuckerschotensuppe erwärmen und mit Piment d' Espelette, Salz, Pfeffer und im letzten Moment etwas Limettensaft abschmecken.

7 Für das Wolfsbarschtatar den Fisch von Haut und Gräten befreien und in feine Würfel schneiden. Die Fischwürfel in eine Schüssel geben und mit etwas Olivenöl, Limettensaft, Salz und Pfeffer würzen. Die Gartenkresse abschneiden und mit dem Tatar vermengen.

8 Einen kleinen Ausstechring in die Mitte eines tiefen Tellers setzen und das Wolfsbarschtatar darin anrichten. Mit etwas Gartenkresse und blauen Blüten garnieren. Die heiße Zuckerschoten-Cremesuppe mit einem Mixstab schaumig aufmixen und angießen.

M

MEINE TIPPS FÜR DAS ANRICHTEN

Neben aromatisch tiefgründigen Geschmackserlebnissen, die den Mund noch ausfüllen, wenn die leeren Teller schon längst abgeräumt sind, ist der optische Eindruck einer Speise von großer Bedeutung. Das Auge isst bekanntlich mit. Feines und sauberes Anrichten hebt ein Gericht nochmal auf ein neues Niveau. Deshalb möchte ich kurz auf die vielen Möglichkeiten eines schön angerichteten Tellers eingehen und Ihnen einige Tipps dazu geben.

Da wäre zum einen die Möglichkeit, mit Hilfe eines Ausstechrings verschiedene Pürees oder Gemüse auf einem Teller rund und gleichmäßig anzurichten. Setzen Sie dazu den Ausstechring auf den Teller, geben Sie etwas Püree hinein und verstreichen Sie es mit Hilfe eines Teelöffels gleichmäßig. Wenn Sie den Ring entfernen, haben Sie einen kreisrunden Untergrund für das Anrichten von weiteren Zutaten.

Zum anderen lassen sich Gemüsepürees auch zu dekorativen Nocken formen. Dafür brauchen Sie zwei Esslöffel, die Sie zunächst in heißem Wasser erwärmen. Dann mit dem einem Löffel einen Teil des Pürees abnehmen und es mit dem zweiten Esslöffel vom ersten abdrehen. Das Ganze einige Male abwechselnd mit beiden Esslöffeln wiederholen, bis die Nocken schön glatt sind. Die Nocken dann vorsichtig auf den Teller gleiten lassen.

Wenn das zu aufwändig ist, empfehle ich Ihnen, das Püree mit Hilfe eines Trichters in eine Spritzflasche zu füllen und kleine oder große Punkte auf die Teller zu dressieren. Auch wenn Sie Gerichte mit grünen Kräuterölen verfeinern möchten, empfiehlt es sich, diese Öle vorher in Spritzflaschen zu füllen, um sie besser dosieren zu können. Eine kleine Fleischgabel hilft nicht nur beim Wenden von Gargut, sondern es lassen sich damit auch Spaghetti oder Tagliatelle leicht aufrollen und hübsch anrichten.

Und auch eine kleine Winkelpalette ist hilfreich. Mit ihr können Sie wunderbar Cremes länglich auf einem Teller verstreichen oder Salate besonders akkurat anrichten. Ein Stabmixer sollte in keiner Küche fehlen. Neben dem Pürieren eignet er sich auch zum Aufschäumen von Saucen und Suppen. Diese leichten Schaumporen geben Speisen durch die eingemixte Luft Leichtigkeit und Finesse.

» EIN STABMIXER SOLLTE IN KEINER KÜCHE FEHLEN. «

Achten Sie bitte darauf, in Fett gebackene Speisen kurz auf einem Stück Küchenkrepp abtropfen zu lassen. Das überschüssige Fett wird dabei aufgesogen. Dadurch werden die Speisen für den Magen bekömmlicher, und auf den Tellern entsteht kein unansehnlicher Fettfilm.

Überladene Teller sind häufig der Grund dafür, dass angerichtete Speisen rustikal und unbeholfen wirken. Servieren Sie lieber einen Teil des Gerichts in kleinen Schüsseln dazu und Saucen in einer Sauciere separat. So kann sich jeder nach Belieben nachnehmen und ist nicht gezwungen, zu volle Teller aufzuessen.

Abschließend möchte ich Ihnen gern noch zwei Tipps geben: Kleine gezupfte Kräuterblätter geben jedem Gericht eine vegetative Frische und eine grüne Leichtigkeit, verbunden mit gesunden Aspekten. Und etwas fein über ein Dessert geriebene Schale von Bio-Zitrusfrüchten stimmt das Auge schon voller Freude auf den bevorstehenden Genuss ein.

K

KRÄUTER

Kräuter gehören zu meinen Lieblingsgerichten auf jeden Fall dazu, denn sie geben eine wunderbar grün-würzige Geschmacksnote. Dafür beziehe ich die Kräuter bei meinem Kräuterbauern des Vertrauens Marko Seibold. Sein Hof liegt in Syke in Niedersachsen und ist ein wahres Naturparadies. Schmetterlinge und Bienen fliegen umher und suchen Nektar in den Blüten der Kräuter. Denn auch Kräuter können blühen. Haben Sie schon mal die wunderschön blauen Blüten des Schnittlauchs gesehen oder die violetten Blüten des Rosmarins?

Auf natürliche Art verleihen Kräuter jedem Gericht eine besondere geschmackliche Nuance. Außerdem sind sie gesund und können sogar Beschwerden lindern. Keinen Grund für Beschwerden liefern die nun folgenden Rezepte von einfach bis raffiniert!

SPAGHETTI MIT 5-KRÄUTER-PESTO & OFENTOMATEN

FÜR 2 PERSONEN

5-KRÄUTER-PESTO

1 Knoblauchzehe
30 g Pinienkerne
50 g Parmesan
35 g Basilikum
20 g Schnittlauch
20 g Kerbel
20 g Petersilie
10 g Estragon
100 ml Olivenöl
Salz, Pfeffer

OFENTOMATEN

4 Tomaten
1 Knoblauchzehe
3 EL Olivenöl
1 Zweig Basilikum
1 Zweig Estragon
Salz, Pfeffer, Zucker

SPAGHETTI

250 g Spaghetti
40 g Parmesan
30 g Pinienkerne
Salz

1 Für das Pesto die Knoblauchzehe schälen und fein hacken. Die Pinienkerne in einer Pfanne ohne Fett rösten, bis sie hellbraun sind, abkühlen lassen. Den Parmesan fein reiben.

2 Die Kräuter waschen, abtropfen lassen und die Kräuterblätter von den Stielen zupfen. Alle zusammen in einen Mixer geben, das Olivenöl zufügen und zu einer feinen grünen Paste mixen. Das Fünf-Kräuter-Pesto mit Salz und etwas Pfeffer abschmecken.

3 Für die Ofentomaten die Haut der Tomaten kreuzförmig einritzen und den Strunk herausschneiden. Die Tomaten in kochendem Wasser blanchieren und anschließend in kaltem Wasser abschrecken. Die Pelle abziehen und die Tomaten vierteln und entkernen.

4 Die Knoblauchzehe schälen und in feine Würfel schneiden. Die Tomatenfilets zusammen mit den Knoblauchwürfeln und 2 EL Olivenöl in eine Schüssel geben und mit Salz, Pfeffer und einer Prise Zucker würzen. Alles gut vermengen. Dann die Tomatenfilets nebeneinander auf ein Backblech mit Backpapier setzen. Im 100 °C heißen Umluftofen 1 Stunde trocknen lassen.

5 Basilikum und Estragon waschen, die Blätter vom Stiel zupfen, klein schneiden und über die getrockneten Tomaten geben. Mit dem restlichen Olivenöl die Tomaten beträufeln.

6 Die Spaghetti in reichlich kochendem Salzwasser bissfest garen. Anschließend abgießen und abtropfen lassen. Das Pesto unter die heißen Nudeln mischen.

7 Die Spaghetti mit Hilfe einer Fleischgabel aufdrehen und mittig in den Tellern anrichten. Die Ofentomaten anlegen. Mit Parmesan und Pinienkernen bestreut servieren.

KOPFSALAT-GAZPACHO MIT KRÄUTERÖL & KNOBLAUCHCROUTONS

FÜR 2 PERSONEN

KOPFSALAT-GAZPACHO

2 kleine Kopfsalatköpfe
1 Salatgurke
2 grüne Paprika
1 kleine Schalotte
1 Knoblauchzehe
100 g Babyspinat
60 ml Olivenöl
einige Spritzer Tabasco
30 ml weißer Balsamicoessig
Salz, Pfeffer

KRÄUTERÖL

25 g Petersilie
25 g Dill
25 g Estragon
100 ml Olivenöl
Salz

KNOBLAUCHCROUTONS

3 Toastscheiben
60 g Butterschmalz
3 Knoblauchzehen
Salz

1 Für die Gazpacho die Kopfsalatblätter vom Strunk entfernen und waschen. Die äußeren grünen Blätter von den inneren gelben Blättern der Salatherzen trennen.

2 Die grünen Blätter in kochendem Salzwasser kurz blanchieren und in kaltem Wasser abschrecken. Anschließend die Blätter gut ausdrücken.

3 Die Salatgurke waschen, halbieren, entkernen und in grobe Würfel schneiden. Die grüne Paprika ebenfalls waschen, vierteln, entkernen und grob würfeln. Die Schalotte und die Knoblauchzehe schälen und in Scheiben schneiden. Den Babyspinat waschen und abtropfen lassen.

4 Die ausgedrückten grünen Kopfsalatblätter zusammen mit den Gurken- und Paprikawürfeln, den Schalotten- und Knoblauchscheiben sowie dem Babyspinat in einen Mixer oder in einen Thermomix geben und das Olivenöl hinzufügen. Auf höchster Stufe ca. 6 Minuten lang mixen, bis eine sämige Gazpacho entstanden ist.

5 Die Gazpacho durch ein Sieb passieren und mit Salz, Pfeffer, einigen Spritzern Tabasco und zuletzt etwas weißem Balsamico abschmecken.

6 Für das Kräuteröl die Kräuter waschen und auf Küchenkrepp abtropfen lassen. Die Kräuterblätter von den Stielen zupfen. Das Olivenöl in einem kleinen Topf auf 70 °C erhitzen und zusammen mit den Kräuterblättern und einer Prise Salz in einen Mixer geben. Alles 2 Minuten auf der höchsten Stufe mixen. Anschließend durch ein Passiertuch geben und das grüne Kräuteröl auffangen.

7 Für die Knoblauchcroutons die Ränder vom Toastbrot abschneiden und die Scheiben würfeln. Butterschmalz in einer Pfanne erhitzen und die Knoblauchzehen halbiert dazugeben. Die Toastwürfel im heißen Fett von allen Seiten goldbraun rösten und mit Salz würzen.

9 Die Kopfsalat-Gazpacho in Schalen anrichten und die gelben Salatherzblätter obenauf legen. Mit den Knoblauchcroutons bestreuen und das grüne Kräuteröl darüberträufeln.

LAMMKARREE MIT KRÄUTERKRUSTE, PAPRIKAMUS & OLIVENTAPENADE

FÜR 2 PERSONEN

LAMMKARREE

2 Lammkarrees à 200 g
6 EL Pflanzenöl
Salz, Pfeffer

KRÄUTERKRUSTE

130 g Butter
2 Schalotten
1 Knoblauchzehe
20 g Petersilie
20 g Estragon
20 g Basilikum
85 g trockenes Panko-Weißbrot
75 g Parmesan
Salz, Pfeffer

PAPRIKAMUS

4 rote Spitzpaprika
6 EL Olivenöl
1/4 TL Speisestärke
1 Bio-Zitrone
2 Prisen Piment d' Espelette
Salz, Zucker

OLIVENTAPENADE

50 g grüne entsteinte Oliven
1 Knoblauchzehe
2 Zweige Thymian
1 EL weißer Balsamicoessig
5 EL Olivenöl
Salz, Zucker

1 Für das Lamm die Knochen der Karrees von der Haut befreien und schön weiß putzen. Das Fleisch von allen Seiten salzen und pfeffern und in einer heißen Pfanne in Pflanzenöl beidseitig anbraten. Im 160 °C heißen Umluftofen 8-10 Minuten rosa garen und anschließend in Alufolie gerollt kurz ruhen lassen.

2 Für die Kräuterkruste 100 g weiche Butter mit einem Handrührgerät schaumig schlagen. Die Schalotten und die Knoblauchzehe schälen und in feine Würfel schneiden. Die Zwiebel- und Knoblauchwürfel mit den restlichen 30 g Butter in einem kleinen Topf weichdünsten.

3 Die Kräuter waschen, abtropfen lassen und die Blätter von den Stielen zupfen. Die Kräuterblätter zusammen mit dem Panko-Weißbrot in einen Mixer geben und so lange mixen, bis das Weißbrot eine grüne Farbe angenommen hat.

4 Den Parmesan fein reiben und zusammen mit der schaumigen Butter, der Schalotten-Knoblauchbutter und dem Kräuter-Weißbrot in einer Schüssel vermengen. Mit Salz und Pfeffer abschmecken und die Kruste 1/2 cm dick auf die gegarten Lammkarrees streichen. Den Backofen auf Grillfunktion stellen und die Lammkarrees knusprig braun gratinieren.

5 Für das Paprikamus die roten Spitzpaprika halbieren, entkernen und in einer Schüssel mit Olivenöl und Salz vermengen.

6 Die Spitzpaprika nebeneinander auf ein Backblech setzen und mit Alufolie abgedeckt im 180 °C heißen Umluftofen 30 Minuten garen. Danach die Paprika noch 15 Minuten abgedeckt ruhen lassen. Anschließend die Haut abziehen.

7 Die abgezogenen Paprika in einem Mixer fein pürieren und das Paprikamus in einen kleinen Topf geben. Die Stärke zugeben und mit etwas Abrieb und Saft der Bio-Zitrone sowie Piment d' Espelette, Salz und Zucker würzen. Das Paprikamus auf dem Herd erhitzen und bis zur gewünschten Konsistenz reduzieren lassen.

8 Für die Oliventapenade die grünen entsteinten Oliven kurz in kochendem Wasser blanchieren und danach in kaltem Wasser abschrecken. Die Knoblauchzehe schälen und grob würfeln.

9 Thymianblätter von den Zweigen zupfen und zusammen mit den Oliven, Knoblauch, Balsamicoessig, Olivenöl, Salz und Zucker in einem Mixer zu einer feinen Tapenade verarbeiten.

10 Die Lammkarrees aufschneiden und zusammen mit dem Paprikamus und der Oliventapenade dekorativ auf Tellern anrichten.

RESTAURANT
HAERLIN

E

EINBLICKE IN MEINE STERNEKÜCHE

Man sagt mir nach, mein größtes Talent sei die Verbindung von Aromen. Ich würde sagen, dass es mein größter Ansporn und meine größte Freude ist, die Schönheit und die Aromen der Natur auf dem Teller zur Geltung zu bringen. Das bedeutet, schon beim Einkauf der Produkte immer nach dem Besten zu suchen. Duft, Geschmack und Optik müssen die Sinne beleben, und Qualität ist das oberste Gebot. Das Teuerste ist dabei nicht immer auch das Beste.

Es gilt, die beste Produktqualität aufzuspüren und die Kunst der Zubereitung ohne Geschmacksverlust zu beherrschen. In meiner Küche des Restaurants »Haerlin« bereiten wir deshalb alles selbst zu: vom Brot bis zur Praline, von den Snacks zum Aperitif bis zu den aufwändigen Desserts in unserer Patisserie. In jedem Gericht steckt eine Entwicklung, und es soll alle Sinne ansprechen, das Riechen, Schmecken, Fühlen, Sehen und Hören. Ein Gericht darf überraschen und sollte nicht von der ersten bis zur letzten Gabel gleich schmecken. Dabei ist die aromatische Dichte entscheidend und die harmonische Verbindung der einzelnen Aromen.

Wie sieht das konkret in der täglichen Arbeit aus? In meiner Restaurantküche arbeiten zehn Köche: Zwei auf dem sogenannten Garde-Manger-Posten. Sie sind zuständig für die Aperitif-Snacks und die Vorspeisen. Zwei weitere Köche sind als »Entremetiers« verantwortlich für Gemüsegerichte, Suppen und ergänzende Beilagen. Ich persönlich arbeite am liebsten mit Fischen und Krustentieren. Sie müssen besonders schnell und behutsam verarbeitet werden, deshalb kann ich hier am besten meine Erfahrung und Kreativität ausspielen.

Fleischgerichte und Saucen werden von zwei »Sauciers« zubereitet, ein ebenfalls sehr wichtiger Bereich, denn den Saucen gehört meine ganz besondere Lie-

be. Mein Souschef leitet die Patisserie und kümmert sich mit zwei weiteren Köchen um alles vom knusprigen Brot über die Desserts bis zum abschließenden süßen Naschwerk.

In der Vorbereitungszeit konzentrieren wir uns auf die einzelnen Zubereitungsschritte der Gerichte. Die Zutaten sollten in ausreichender Menge vorhanden sein und kontrolliert werden. Schon jetzt müssen Garung, Konsistenz und Geschmack der Zubereitung stimmen. Saucen werden angesetzt, Fische filetiert, Salate und Gemüse vorbereitet, Brot gebacken, Eiscremes gefroren. Alles, was sich gut vorbereiten lässt, sollte in dieser Zeit erledigt werden.

In der Öffnungszeit des Restaurants werden die Bestellungen entgegengenommen und die georderten Gerichte oder Menüs finalisiert und optisch ansprechend angerichtet. Jetzt muss das Timing stimmen. Fisch und Fleisch muss auf den Punkt gegart werden, die Saucen erfahren ihre geschmackliche Vollendung, Gemüse werden glaciert und mit frischen Kräutern aromatisiert. Die einzelnen Gerichte werden den entsprechenden Tischen zugeordnet, und es muss eine konstante zeitliche Abfolge eingehalten werden.

»

SIE KÖNNEN SICH ABER AUCH EINEN GANZ BESONDEREN PLATZ FÜR DAS ESSEN RESERVIEREN, DEN ›CHEF'S TABLE‹.

«

Das ist die Hochphase in der Küche. Die ersten Gäste des Abends sind schon bald beim Dessert angekommen, andere Tische geben gerade erst ihre Bestellung auf. Dies ist die Zeit, die ich besonders liebe, denn jetzt pulsiert hier in der Küche das Leben. Es herrscht keine Hektik, aber hochkonzentriertes Arbeiten.

Nach dem letzten Dessert ist der Moment gekommen, mich bei den Gästen für ihr Kommen zu bedanken und den einen oder anderen »Schnack« zu halten, wie wir in Hamburg sagen. Gerne nehme ich dann auch mal interessierte Gäste mit in die Küche, um ihnen mein »Reich« zu zeigen. Sie können sich aber auch einen ganz besonderen Platz für das Essen reservieren, den »Chef's Table«. Dieser Tisch steht in einem verglasten Raum mitten in der Küche, und die Gäste genießen dort den Abend bei feinsten Speisen und dem besten Blick direkt ins Kochgeschehen. Es ist ein Highlight für jeden Gast, einmal direkt dabei zu sein, alles mitverfolgen zu können – eben: Einblicke in meine Sterneküche.

M
MEHL

Wäre ich nicht Koch geworden, hätte ich eine Ausbildung zum Konditor begonnen. Mein Onkel Walter hatte eine große Konditorei mit dem angeschlossenem »Café Franz« in dem Städtchen Wetzlar. Ich durfte in meiner Jugendzeit dort einmal aushelfen und war vom ersten Moment an begeistert. Das akkurate Arbeiten, gerade beim Dekorieren der Torten, Kuchen, Pralinen und des Gebäcks, hatte es mir sofort angetan.

Die Vielfalt des Angebots war unüberschaubar, ich war im wahrsten Sinne des Wortes im Schlaraffenland gelandet. Alles schmeckte großartig: die frisch gebackenen Croissants, der mit viel handwerklichem Geschick gemachte Baumkuchen oder auch die wunderbar eingestrichene Schwarzwälder Torte. Vielleicht habe ich deshalb bis heute eine Affinität zum Backen und damit auch zum Lebensmittel Mehl – ob in süßen oder herzhaften Speisen.

BUCHWEIZENGALETTES MIT BIRNE, BLAUSCHIMMELKÄSE & SCHINKEN

FÜR 2 PERSONEN

BUCHWEIZENGALETTES

125 g Buchweizenmehl
1 Ei
1 TL Meersalz
20 g Butterschmalz

FÜLLUNG

1 Birne
40 g Butterschmalz
1 EL Honig
1 rote Zwiebel
2 EL dunkler Balsamicoessig
80 g Blauschimmelkäse
4 Scheiben Honigschinken
50 g gemischte Blattsalate
1 TL gehackter Kerbel
2 EL Olivenöl
Salz, Pfeffer

1 In einer Schüssel das Buchweizenmehl, das Ei, das Meersalz und 100 ml kaltes Wasser mit den Schneebesen des Handrührgeräts 6 Minuten kräftig aufschlagen. Dies ist wichtig, um möglichst viel Luft in den Teig einzuarbeiten, damit er hinterher schön knusprig wird. Im Anschluss nochmal 30 ml Wasser unterrühren und den Teig für mindestens 2 Stunden abgedeckt im Kühlschrank ruhen lassen.

2 10 g Butterschmalz in einer beschichteten Pfanne schmelzen lassen. Etwas Teig hineingeben, durch Schwenkbewegungen gleichmäßig verteilen und bräunen lassen.

3 Die Galette wird nur von einer Seite gebacken, deshalb eine mittlere Temperatur wählen, damit der Teig auch auf der oberen Seite stockt. Auf diese Weise noch eine zweite Galette herstellen.

4 Für die Füllung die Birne waschen und in Spalten schneiden. Die Spalten entkernen und in einer heißen Pfanne in 20 g Butterschmalz braun anbraten. Die gebratenen Birnenspalten mit Honig beträufeln.

5 Die rote Zwiebel schälen und in Spalten schneiden. Die Zwiebelspalten in einer Pfanne in 20 g Butterschmalz braun rösten und mit 1 EL Balsamicoessig vermischen.

6 Den Blauschimmelkäse in Stücke zerbröseln. Den Honigschinken zu Röllchen aufrollen.

7 Die Buchweizengalettes können entweder direkt in der Pfanne oder auf einem Teller belegt werden. Dazu zuerst die Birnen- und Zwiebelspalten im Quadrat darauf verteilen, danach den Blauschimmelbruch und die Schinkenröllchen darauf anrichten. Nun Ränder der Galette nach innen umklappen, so dass ein Quadrat entsteht.

8 Die gemischten Blattsalate waschen und trockenschleudern. Den Salat mit gehacktem Kerbel, Olivenöl, dem restlichen Balsamico, Salz und Pfeffer würzen und auf oder neben der Galette anrichten.

SAUERTEIGBROT MIT SAUERKRAUTCREME

FÜR 2 PERSONEN

SAUERTEIGBROT

500 g Naturjoghurt (3,5 %)
14 g Frischhefe
420 g Weizenmehl Type 550
220 g Roggenmehl
4 g Kümmel
4 g Koriandersaat
4 g Fenchelsaat
30 g Salz
70 g Sauerteig
etwas Mehl zum Kneten

SAUERKRAUTCREME

20 g Butter
1 kleine Zwiebel
30 g geräucherter Speck
250 g Sauerkraut
1 Lorbeerblatt
150 g Frischkäse
4 Speckscheiben
1/2 Bund Schnittlauch
Salz, Pfeffer

1 Für das Sauerteigbrot 100 ml Wasser und den Joghurt in einen Topf geben und auf 30 °C erwärmen. Die Hefe hinzugeben und so lange mit einem Schneebesen rühren, bis sie sich aufgelöst hat.

2 Das Mehl in die Knetschüssel einer Küchenmaschine sieben. Kümmel, Koriander- und Fenchelsaat in einem Mörser fein zerstoßen und mit dem Salz zum Mehl geben. Den angerührten Hefe-Joghurt zusammen mit dem Sauerteig in die Knetschüssel geben und alles bei langsamer Geschwindigkeit 15 Minuten mit dem Knethaken zu einem glatten Teig verarbeiten.

3 Die Knetschüssel abdecken und für 12 Stunden in den Kühlschrank stellen. Danach den Teig auf einer bemehlten Arbeitsfläche gut durchkneten. Anschließend nochmals für 20 Minuten abgedeckt ruhen lassen.

4 Den fertigen Teig portionieren: Das Rezept reicht für ein großes oder für zwei kleine Brote. Die portionierten Brote rund wirken.

5 Backpapier auf den Durchmesser eines gusseisernen Topfbodens zurechtschneiden und den Topf damit auslegen. Das Brot hineinlegen, mit einem Deckel verschließen und an einem warmen Ort 30 Minuten gehen lassen. Dann die Oberseite des Brotes mit einem Messer leicht einschneiden.

6 Den Backofen auf 250 °C Ober- und Unterhitze vorheizen, den Topf mit geschlossenem Deckel hineinstellen und das Brot 40 Minuten backen. Nach den 40 Minuten vorsichtig den Deckel abnehmen und das Brot für weitere 20 Minuten bei 200 °C in den Ofen schieben, damit es eine schöne Kruste bekommt.

7 Das fertig gebackene Brot aus dem gusseisernen Topf holen, auskühlen lassen und in Scheiben schneiden.

8 Für die Sauerkrautcreme die Butter in einem Topf schmelzen lassen. Die Zwiebel schälen, in Streifen schneiden und in der Butter anschwitzen. Den geräucherten Speck und das Sauerkraut zugeben.

9 Das Lorbeerblatt einlegen, mit etwas Salz würzen und mit so viel Wasser angießen, dass das Sauerkraut knapp bedeckt ist. Das Sauerkraut mit geschlossenem Deckel bei mittlerer Hitze weichschmoren.

10 Sobald das Sauerkraut weich ist, den Topfdeckel abnehmen und weiterkochen, bis die Flüssigkeit komplett verdampft ist. Lorbeerblatt und Räucherspeck entfernen und das Sauerkraut im Mixer fein pürieren. Abkühlen lassen.

11 100 g vom Püree abmessen und in einer Schüssel mit dem Frischkäse verrühren. Mit Salz und Pfeffer abschmecken. Die Speckscheiben in Streifen schneiden und in einer Pfanne knusprig ausbraten. Den Schnittlauch in feine Röllchen schneiden. Beides auf die Sauerkrautcreme geben und zum Sauerteigbrot servieren.

BRIOCHE MIT APRIKOSENRÖSTER

FÜR 2 PERSONEN

BRIOCHE

375 g Mehl Type 405
110 ml Milch
30 g Frischhefe
4 Eigelb
1 Ei
50 g Zucker
7 g Salz
180 g Butter
20 ml Sahne
etwas Butter und Mehl für die Form

APRIKOSENRÖSTER

400 g Aprikosen
40 g Zucker
40 ml Apfelsaft
1/4 Zimtstange
1 Nelke
1 Sternanis
10 ml Zitronensaft
1 Zweig Minze

1 Für die Brioche zunächst einen Vorteig herstellen. Dafür 75 g Mehl abwiegen und in die Rührschüssel einer elektrischen Küchenmaschine geben.

2 75 ml Milch in einem kleinen Topf erwärmen und die Hefe darin auflösen. Die Hefemilch zum Mehl geben, alles gut miteinander verrühren und abgedeckt 1 Stunde gehen lassen.

3 35 ml Milch zusammen mit 3 Eigelb, dem Vollei, Zucker, Rum, Salz und den restlichen 300 g Mehl zum Vorteig geben und den Teig 10 Minuten in der Küchenmaschine kneten.

4 140 g Butter in einem Topf erwärmen, die flüssige Butter nach und nach zum Teig geben und alles für weitere 15 Minuten kneten lassen. Die Teigschüssel abdecken und im Kühlschrank 1 Stunde ruhen lassen.

5 Eine Kastenbackform mit etwas Butter einpinseln und mit Mehl bestäuben. Den Briocheteig aus dem Kühlschrank nehmen und auf einer leicht bemehlten Arbeitsfläche in eine längliche Form bringen. Den Teig in die Kastenbackform geben und abgedeckt an einem warmen Ort 45 Minuten gehen lassen.

6 1 Eigelb mit der Sahne verquirlen und die Briocheoberfläche damit bepinseln. Im Anschluss die Brioche bei 180 °C Ober- und Unterhitze 35-40 Minuten backen. Sollte sie von oben zu stark bräunen, die Form mit etwas Alufolie abdecken.

7 Die restlichen 40 g Butter in einem Topf erwärmen und die Brioche direkt nach dem Backen damit einpinseln. Anschließend die Brioche aus der Form auf ein Kuchengitter stürzen und auskühlen lassen.

8 Für den Aprikosenröster die Aprikosen waschen, halbieren und entsteinen. Die Hälften nochmals halbieren, so dass man Viertel erhält. Die Aprikosenviertel zusammen mit dem Zucker in einen Topf geben und 1 Stunde ziehen lassen.

9 Anschließend die restlichen Zutaten zu den Aprikosen geben und sie sanft zum Kochen bringen. Unter gelegentlichem Rühren die Aprikosen zu einem Kompott einkochen. Dabei darauf achten, dass die Aprikosen noch als Frucht erkennbar bleiben und nicht verkochen.

10 Die Gewürze aus dem Kompott entfernen, den Aprikosenröster in Schüsseln anrichten und mit etwas Minze garnieren. Die Brioche in Scheiben schneiden, in einer Pfanne kurz von beiden Seiten bräunen und zum Aprikosenröster reichen.

S

SCHWEIN

Mit dem Schwein oder auch dem Schweinefleisch verbindet man oft eher negative Assoziationen. Doch Schweine, besonders wenn sie artgerecht aufgezogen und gehalten werden, sind viel besser als ihr Ruf und haben viele positive Eigenschaften. Auch für unsere Ernährung ist Schweinefleisch wertvoll, liefert es doch viel Vitamin B1 und B6..

Für mich bedeutet gutes Schweinefleisch großen Genuss: die krachende Kruste eines saftigen Schweinebratens mit Kümmelsauce und Kraut, ein toll mariniertes Nackensteak vom Grill oder auch ein zart geräucherter Schinken aus der Keule mit Radi und Essiggurken. Die folgenden Rezepte mit Schwein sind meine Lieblingsrezepte für die heimische Küche. Bitte unbedingt nachkochen!

SELLERIE-MARONEN-CREMESUPPE MIT GEBRATENER BLUTWURST

FÜR 2 PERSONEN

SELLERIE-MARONEN-CREME-SUPPE

250 g geschälte Maronen
2 Schalotten
1/4 Knolle Sellerie
1/4 Stange Lauch
40 g Butter
100 ml Weißwein
100 ml weißer Portwein
600 ml Geflügelbrühe
500 ml Crème double
20 ml Kirschwasser
30 g kalte Butterflocken
5 g Trüffelbutter
Salz, Pfeffer, Zucker

GEBRATENE BLUTWURST

125 g Blutwurst
1 EL Mehl
40 ml Pflanzenöl
1 Apfel Sorte Braeburn
3 Stängel Kerbel

1 Für die Cremesuppe die geschälten Maronen auf ein Backblech mit Backpapier legen und im 175 °C heißen Umluftofen 25 Minuten rösten.
In der Zwischenzeit die Schalotten und das Viertel der Sellerieknolle schälen und grob würfeln. Den Lauch waschen und in Scheiben schneiden. Die Butter in einem Topf erhitzen und die Gemüsewürfel und die Lauchscheiben einige Minuten darin anschwitzen.

2 Die gerösteten Maronen aus dem Ofen nehmen und zum Gemüse in den Topf geben. Alles zusammen kurz anschwitzen und dann mit dem Weißwein und dem weißen Portwein ablöschen. Mit der Geflügelbrühe auffüllen und die Suppe bei mittlerer Hitze 15 Minuten köcheln lassen. Dann die Crème double einrühren und weitere 20 Minuten sanft köcheln lassen.

3 Die Suppe mit einem Mixstab fein pürieren und durch ein Sieb passieren. Sie sollte schön sämig, aber nicht zu dickflüssig sein. Danach das Kirschwasser zugeben und die Butterflocken und die Trüffelbutter in die Suppe einmixen. Mit Salz, Pfeffer und Zucker abschmecken.

4 Die Blutwurst in Scheiben schneiden und leicht mehlieren. 30 ml Pflanzenöl in einer Pfanne erhitzen und die Blutwurstscheiben darin auf beiden Seiten knusprig braten.

5 Den Apfel schälen, vierteln, entkernen und in grobe Würfel schneiden. Die restlichen 10 ml Pflanzenöl in einer Pfanne erhitzen und die Apfelwürfel darin kurz anschwitzen. Den Kerbel waschen und die Blätter von den Stängeln zupfen.

6 Die gebratenen Blutwurstscheiben mittig in tiefen Tellern anrichten. Die heiße Sellerie-Maronen-Cremesuppe mit dem Mixstab nochmals aufschäumen und angießen. Die Apfelwürfel über die Suppe streuen und mit den Kerbelblättern garnieren.

TIPP: EINE BESONDERS LECKERE BLUTWURST IST DIE FRANZÖSISCHE BOUDIN NOIR. SIE HAT EINEN BESONDERS HOHEN ZWIEBELANTEIL, IST DADURCH LEICHT SÜSSLICH UND LÄSST SICH WUNDERBAR BRATEN.

SPARERIPS MIT HOISIN-BBQ-LACK & GEGRILLTEM MAIS

FÜR 2 PERSONEN

SPARERIPS

1 kg dicke Schweinerippchen
1 EL Kümmelsamen
1 EL Koriandersaat
1 EL Fenchelsaat
1 EL geräuchertes Paprikapulver
1/2 TL Cayennepfeffer
1 TL Salz
2 EL Olivenöl
1/2 Knoblauchknolle
2 Bio-Orangen
2 Tomaten

HOISIN-BBQ-LACK

100 g Ketchup
100 ml Hoisin-Sauce
20 g Ingwer
1 kleine rote Zwiebel

GEGRILLTER MAIS

2 gekochte Maiskolben
1 EL Pflanzenöl
Salz, Pfeffer, Zucker

1 Die Schweinerippchen auf ein kleines Blech legen. Kümmelsamen, Koriander- und Fenchelsaat in einem Mörser fein zerstoßen und mit dem geräucherten Paprikapulver, dem Cayennepfeffer und dem Salz vermengen.

2 Die Sparerips beidseitig mit dem Olivenöl beträufeln und mit den Gewürzen von allen Seiten kräftig einreiben. Für 1 Stunde abgedeckt im Kühlschrank marinieren lassen.

3 Die halbe Knoblauchknolle zerdrücken. Eine Bio-Orange auspressen, die zweite Orange und die Tomaten halbieren. Die Rippchen in einen Bräter legen und die zerdrückte Knoblauchknolle, die halbierte Orange und die Tomaten dazugeben. Den Orangensaft über den Rippchen verteilen.

4 Den Bräter entweder mit Alufolie oder mit einem Deckel gut verschließen und die Sparerips 2 Stunden im 160 °C heißen Umluftofen garen. Danach die Rippchen aus dem Bräter nehmen und beiseitestellen.

5 Tomaten, Orangen und Knoblauchknolle nacheinander in einem Sieb auspressen und den Saft zurück in den Bräter geben.

6 Für den Hoisin-BBQ-Lack in einer Schüssel den Ketchup mit der Hoisin-Sauce verrühren. Den Ingwer und die rote Zwiebel schälen, in feine Würfel schneiden und zu der angerührten Hoisin-Sauce geben.

7 Die Mischung zum ausgepressten Saft in den Bräter geben und alles auf dem Herd einkochen lassen, bis die Sauce eine sämige Konsistenz hat. Ab und zu umrühren und dabei darauf achten, dass die Röststoffe sich gut vom Boden des Bräters lösen.

8 Die Rippchen auf ein Backblech mit Backpapier setzen und von beiden Seiten großzügig mit dem eingekochten Hoisin-BBQ-Lack einpinseln. Anschließend die Sparerips für 20 Minuten in den 160 °C heißen Umluftofen schieben.

9 Für den gegrillten Mais die vorgegarten Maiskolben in 2 cm dicke Scheiben schneiden und mit Pflanzenöl einpinseln. Die Scheiben entweder in einer Grillpfanne oder auf einem Holzkohlengrill von beiden Seiten grillen und mit Salz, Pfeffer und Zucker würzen.

10 Die lackierten Sparerips aus dem Ofen holen und zusammen mit dem gegrillten Mais servieren.

SCHWEINEMEDAILLONS MIT ZWIEBEL-MEERRETTICH-KRUSTE, PFEFFERSAUCE & GERÖSTETEN KAROTTEN

FÜR 2 PERSONEN

SCHWEINEMEDAILLONS

300 g Schweinefilet
40 ml Pflanzenöl
Salz, Pfeffer

ZWIEBEL-MEERRETTICH-KRUSTE

3 kleine Zwiebeln
30 g Butter
30 g Meerrettich
30 g weißes Toastbrot
20 g Senf
1 Eigelb

Salz, Pfeffer

PFEFFERSAUCE

80 ml Weißwein
1 TL eingelegter grüner Pfeffer
200 ml Sahne
1 TL Speisestärke
Salz

GERÖSTETE KAROTTEN

2 rote Karotten
2 gelbe Karotten
2 violette Karotten
30 g Butterschmalz
Salz, Zucker, Meersalz

1 Für die Schweinemedaillons das Schweinefilet in 4 gleich große Stücke teilen und mit der Schnittfläche nach oben leicht andrücken, so dass 4 gleichmäßige Medaillons entstehen. Die Medaillons mit Salz und Pfeffer würzen und in einer Pfanne in heißem Pflanzenöl von beiden Seiten anbraten.

2 Für die Zwiebel-Meerrettich-kruste die Zwiebeln schälen und in feine Würfel schneiden. Die Zwiebelwürfel in einem kleinen Topf mit der Butter bei mäßiger Hitze 10 Minuten weichdünsten.

3 Anschließend die Zwiebeln mit der Butter in eine Schüssel geben. Den Meerrettich schälen, fein reiben und 2 EL davon zu den Zwiebeln geben. Das Toastbrot ohne Rinde im Mixer fein zerkleinern und mit dem Senf und einem Eigelb zu den Zwiebeln geben. Alles miteinander vermengen und mit Salz und Pfeffer abschmecken.

4 Die Zwiebel-Senfmasse fingerdick auf eine Seite der Schweinemedaillons streichen. Die Medaillons mit der Zwiebel-Senfmasse nach unten drehen und in der Pfanne schön braun anbraten. Vorsichtig wenden, so dass nun die Zwiebel-Meerrettich-kruste oben liegt.

5 Die Medaillons aus der Pfanne nehmen, auf ein kleines Blech oder in eine Auflaufform setzen und bei 160 °C im Umluftofen ca. 6 Minuten zart rosa garen.

6 Den Bratensaft in der Pfanne mit Weißwein ablöschen und die grünen eingelegten Pfefferkörner zugeben. Die Sahne hinzufügen und bei mäßiger Hitze 4 Minuten köcheln lassen. Anschließend die Pfeffersauce mit etwas angerührter Speisestärke binden und mit Salz würzen.

7 Die bunten Karotten in Salzwasser bissfest garen und in kaltem Wasser abschrecken. Einen Teil der Karotten in Scheiben schneiden, den anderen Teil im Ganzen lassen. In einer Pfanne das Butterschmalz erhitzen und die Karotten darin schön braun rösten. Mit Salz und Zucker würzen.

8 Die Pfeffersauce auf die Teller verteilen. Die Schweinemedaillons mit einem scharfen Messer aufschneiden und zusammen mit den gerösteten Karotten darauf anrichten. Mit etwas grobem Meersalz bestreuen und servieren.

TIPP: DAZU PASST EIN WUNDERBAR BUTTRIGES KARTOFFELPÜREE!

K
KOCHEN IST TEAMWORK

Als ich in meiner Jugend ein Schülerpraktikum in einer Hotelküche machen durfte, war ich fasziniert vom Zusammenspiel der vielen unterschiedlichen Küchenbereiche. Es gab Köche für das morgendliche Frühstück, für die Vorspeisen, für die Fisch- und Fleischgerichte, für die Beilagen, für die Desserts und für die kleine Speisekarte nachts und auf den Zimmern. Es gab sogar Köche, die für das Personal kochten. Gutes Personalessen ist immens wichtig, denn es hebt die Stimmung und die Motivation.

Orchestriert wurde diese für mich verwirrende Mischung aus unterschiedlichen Arbeitsbereichen und Aufgaben vom Küchenchef bzw. von seinem Stellvertreter, dem »Souschef«.

Diesen beiden »Oberhäuptern« gelang es durch fachliche Kompetenz und organisatorisches Geschick, alle Köche anzuleiten und die Brücke zwischen Küche und Service zu schlagen, denn schließlich sollte das fantastische Essen den Gästen auch angemessen präsentiert werden.

Es war für mich wahnsinnig spannend, alles zu beobachten und die Hektik und die Betriebsamkeit in der Hotelküche aufzusaugen. Vielleicht würde ich ja eines Tages auch an der Spitze eines Küchenteams meinen Platz finden und dieses lebendige Geschehen gestalten können.

Nach meiner Ausbildung und einigen Lehr- und Wanderjahren gelangte ich im Juni 2002 an den Punkt, selbst als alleiniger Küchenchef ein Team zu leiten. Ich erinnere mich noch gut an meine Mitarbeiter der ersten Stunde im Restaurant »Haerlin«.

Da war Christian, der die Vorspeisen zubereitete. Jens kümmerte sich um die Fleisch- und Geflügelgerichte, und Robert machte die Beilagen. Ich als Küchenchef übernahm den Fischbereich, und Irina komplettierte dieses kleine, aber feine Küchenteam bei den Desserts. Im Service war José als Restaurantleiter tätig, und Nils durfte als Sommelier die Gäste beim Wein beraten.

Zusammen feilten wir an Gerichten und mehrgängigen Menüs mit der passenden Getränkebegleitung. Dabei griffen die einzelnen Aufgabenbereiche ineinander. Punktgenau mussten Fleisch- und Fischspezialitäten gegart sein und mit den entsprechenden Saucen und Beilagen angerichtet werden. Die Vorspeisen mussten eine appetitanregende Begeisterung auslösen und die Desserts einen krönenden Abschluss bilden. Die abgestimmten Weine sollten richtig temperiert und wohl dosiert serviert werden und zusammen mit dem Charme und der Herzlichkeit des Service für glücksselige Genussmomente bei den Gästen sorgen. Drei Schlagwörter bestimmten unsere tägliche Arbeit: Timing, Enthusiasmus und Rhythmus.

» DREI SCHLAGWÖRTER BESTIMMTEN UNSERE TÄGLICHE ARBEIT: TIMING, ENTHUSIASMUS UND RHYTHMUS. «

Es war eine wilde Anfangszeit, aber wir hatten Erfolg, und der Zuspruch der Gäste wuchs und wuchs. Wir unterstützten uns gegenseitig, organisierten den Wareneinkauf, passten zeitliche Abläufe an und wurden Tag für Tag besser. Ich war unheimlich stolz auf unser Team, und im Herbst leuchtete dann auch strahlend der erste Michelin-Stern über dem Restaurant. Es war grandios!

Im darauffolgenden Jahr wechselten nach und nach die ersten Mitarbeiter, um auch in anderen Restaurants Erfahrungen zu sammeln. Neue Köche und Servicemitarbeiter kamen, beide Teams wurden größer, und es gab mittlerweile eine Warteliste für Gästereservierungen. Mir wurde klar, dass ich eine rechte Hand, einen Souschef, brauchte. Jemanden, der organisieren kann, der genauso geschmackssicher die Gerichte würzt und der menschlich ein guter Teamplayer ist. Denn Kochen ist Teamwork, gerade wenn man es beruflich in einer Profi-Küche betreibt. Ich musste gar nicht lange suchen, denn ich hatte diesen Menschen bereits in meinem Küchenteam: einen jungen Kollegen, der bereits seit zwei Jahren bei mir enthusiastisch und mit viel Liebe zum Beruf in verschiedenen Küchenbereichen durch Fleiß und Tatendrang glänzte.

So kam es, dass Tobias Günther mein Souschef wurde. Sein Geschmackssinn ist grandios, und unsere Zusammenarbeit ist für mich eine stetige Inspirationsquelle. Seit mehr als 15 Jahren arbeiten wir nun schon zusammen, und über die Jahre ist aus der beruflichen Zusammenarbeit auch eine enge Freundschaft geworden.

Eine Küche kann nur so gut sein wie ihr Team und ein Restaurant nur so gut wie seine Mannschaft. Meine heutige Mitarbeitercrew ist die beste aus 20 Jahren. Angeführt von Marius Jürke und Christian Scholz als Verantwortliche für einen herzlichen Service und den perfekten Weingenuss und von Tobias und mir als kongenialem Küchen-Duo. Dazu gehören die fleißigen Mädels und Jungs im Restaurant und in der Küche, die perfekt zusammenarbeiten und jeden Tag aufs Neue bestrebt sind, unseren Gästen einen einzigartigen Genuss zu bescheren. Ich bin sehr stolz auf jeden Einzelnen von ihnen.

Jetzt möchte ich die Brücke schlagen zu Ihnen nach Hause. Auch privat koche ich am liebsten zusammen mit wunderbaren Menschen. Ein gemeinsam zubereitetes Essen bringt viel mehr Spaß, denn man kann sich während des Kochens miteinander unterhalten und von den anderen lernen. Sowohl mit meiner Familie als auch mit Freunden wird unsere Küche daheim zum kommunikativen »place to be«, wo gekocht, gelacht und getrunken wird. Da vergisst man die Zeit, und die Abende werden auch schon mal länger. Nicht umsonst sagt man, dass die besten Partys in der Küche stattfinden.

K

KOHL

Kohlgemüse hat schon von seinem Namen her etwas Traditionelles. Das Wort »Kohl« leitet sich vom lateinischen »caulis« ab, und schon bei den Germanen war Kohl sehr beliebt. Es gibt ungefähr 40 verschiedene Kohlsorten, darunter so bekannte wie den Weißkohl, den Kohlrabi oder auch den Rosenkohl.

Mein besonderer Liebling ist der Rotkohl. Fein süßsäuerlich mariniert schmeckt er roh als Salat, gekocht als tolle Beilage in der Herbst- und Winterzeit oder zu einer feinen Creme püriert zu Fleischgerichten und zum Käse. Wichtig für den Rotkohl ist die richtige Marinade, eines der besten Rezepte dafür finden Sie auf Seite 85. Seit Jahren koche ich in meiner Sterneküche den Rotkohl nach diesem Rezept, und er ist außerordentlich beliebt. Deshalb freue ich mich besonders, dieses Rezept mit Ihnen zu teilen.

OFEN-SPITZKOHL MIT SAUCE PISTOU & KURKUMA-KARTOFFELN

FÜR 2 PERSONEN

OFEN-SPITZKOHL

1 Spitzkohl
150 g Buchenpilze
30 g Butter
1TL grobes Meersalz
Salz, Pfeffer

SAUCE PISTOU

5 Knoblauchzehen
50 g Gruyère
50 g Basilikumblätter
40 g gemahlene Mandeln
120 ml Olivenöl
Salz, Pfeffer

KURKUMAKARTOFFELN

500 g kleine Kartoffeln
1/2 TL Kurkuma
30 g Butter
Salz

1 Den Spitzkohl kurz waschen und auf einem Backblech im 180 °C heißen Umluftofen 1 Stunde garen, bis der Strunk weich ist. Anschließend die schwarzen äußeren Blätter entfernen und den Kohl halbieren. Mit grobem Meersalz und Pfeffer würzen.

2 30 g Butter in einer Pfanne schmelzen lassen und die Buchenpilze kurz darin sautieren. Mit Salz und Pfeffer würzen.

3 Für die Sauce Pistou die Knoblauchzehen schälen und kleinschneiden. Den Gruyère fein reiben und die Basilikumblätter waschen und trockenschleudern.

4 Die gemahlenen Mandeln in einer Pfanne ohne Fett rösten, bis sie eine hellbraune Farbe angenommen haben, danach gut abkühlen lassen. Die Mandeln zusammen mit dem Knoblauch, dem Gruyère, den Basilikumblättern und dem Olivenöl in einem Mixer zu einer grünen Paste mixen und mit Salz und Pfeffer abschmecken.

5 Für die Kurkumakartoffeln die kleinen Kartoffeln schälen und mit dem Kurkuma in kochendem Salzwasser garen. Anschließend die Kartoffeln kurz in der Butter schwenken.

6 Den halbierten Ofen-Spitzkohl auf Tellern anrichten. Die gebratenen Buchenpilze und die Kurkumakartoffeln um den Spitzkohl herum verteilen und mit der Sauce Pistou beträufeln.

TIPP: ACHTEN SIE DARAUF, DASS VOR DEM MIXEN DER SAUCE PISTOU ALLE ZUTATEN SCHÖN KALT SIND, DAMIT DIE GRÜNE FARBE ERHALTEN BLEIBT.

KIMCHI-HACKFLEISCHROULADEN MIT RUNDKORNREIS & SÜSSSAUREM GEMÜSE

FÜR 2 PERSONEN

KIMCHI-HACKFLEISCH-ROULADEN

50 g süßes Reismehl
4 Knoblauchzehen
20 g Ingwer
1 Bund Frühlingslauch
1 Apfel der Sorte Pink Lady
3 EL scharfe Chiliflocken
2 EL Fischsauce
1 EL Zucker
1 kleiner Chinakohl
40 g Salz
160 g Hackfleisch, halb & halb
1 Ei
1 EL Paniermehl
1 TL Sojasauce
Salz, Pfeffer

RUNDKORNREIS

125 g Rundkornreis
Salz

SÜSSSAURES GEMÜSE

60 g Karotte
60 g Rettich
6 Zuckerschoten
2 EL Reisessig
1 TL Zucker

1 300 ml Wasser in einem Topf zum Kochen bringen und nach und nach das Reismehl einrühren. Vom Herd nehmen und die Masse abkühlen lassen.

2 Die Knoblauchzehen schälen und in feine Würfel schneiden. Den Ingwer schälen und fein reiben. Den Frühlingslauch waschen und in feine Ringe schneiden. Den Apfel schälen und fein pürieren. Die Knoblauchwürfel zusammen mit dem Ingwer, dem Frühlingslauch, dem pürierten Apfel, den Chiliflocken, der Fischsauce, dem Zucker und der Reismehlmasse zu einer Marinade verrühren.

3 Die einzelnen Blätter vom Chinakohl abnehmen, waschen und abtropfen lassen. In einer Schüssel mit dem Salz mischen und 2 Stunden stehen lassen. Ab und zu umrühren, damit der Chinakohl schön weich wird. Nach 2 Stunden das Salz gründlich abwaschen und die Blätter leicht ausdrücken.

4 In einer Schüssel die Chinakohlblätter einzeln aufeinanderlegen und dabei jedes Blatt mit 1 EL Kimchi-Marinade bestreichen. Die Schüssel darf nicht zu groß sein, damit die Kohlblätter schön im eigenen Saft liegen.

5 Die Schüssel abdecken und 2 Tage bei Zimmertemperatur stehen lassen. Sobald Blasen aufsteigen, wenn man leicht auf den Kohl drückt, hat der Fermentierungsprozess begonnen. Dann kann man das Kimchi für ein noch besseres Aroma für weitere 2 Tage in den Kühlschrank stellen.

6 Das Hackfleisch mit Ei, Paniermehl, Sojasauce, Salz und Pfeffer vermengen und daraus 4 kleine Rollen formen. Die fermentierten Chinakohlblätter aus der Marinade nehmen und jeweils 2 überlappend nebeneinanderlegen. Jeweils eine Hackfleischrolle darauflegen und nun die Kimchiblätter aufrollen, dabei die Enden einschlagen, so dass kleine Rouladen entstehen.

7 Die Rouladen in eine Auflaufform setzen, mit der Kimchi-Marinade angießen und 30 Minuten bei 160 °C im Umluftofen abgedeckt garen.

8 Den Rundkornreis gründlich waschen. 350 ml leicht gesalzenes Wasser in einem Topf zum Kochen bringen und den Reis hinzugeben. 20 Minuten abgedeckt sanft köchelnd garen.

9 Für das süßsaure Gemüse die Karotte und den Rettich schälen und zusammen mit den Zuckerschoten in Streifen schneiden. Die Gemüsestreifen in kochendem Salzwasser kurz blanchieren und abtropfen lassen. Den Reisessig mit dem Zucker verrühren und die Gemüsestreifen kurz darin einlegen.

10 Die Kimchi-Hackfleischrouladen in zwei Schüsseln zusammen mit dem Rundkornreis anrichten. Etwas von der Marinade als Sauce angießen und mit dem eingelegten Gemüse servieren.

GESCHMORTE KALBSBÄCKCHEN MIT PREISELBEER-ROTKOHL & KLEINEN LAUGENKNÖDELN

FÜR 2 PERSONEN

GESCHMORTE KALBSBÄCKCHEN

4 Kalbsbäckchen
4 EL Pflanzenöl
1 Karotte
1 Petersilienwurzel
1/4 Sellerie
2 Zwiebeln
20 g Tomatenmark
175 ml Rotwein
2 Lorbeerblätter
1 TL Speisestärke
40 g getrocknete Cranberrys
Salz, Pfeffer

PREISELBEER-ROTKOHL

1/2 Rotkohl
1 Zwiebel
1 Apfel Sorte Braeburn
100 ml Orangensaft
100 ml roter Portwein
200 ml Rotwein
20 ml Essig
100 g Preiselbeermarmelade
1 Zimtstange
3 Nelken
2 Stück Sternanis
50 g Schmalz
1 TL Speisestärke
Salz, Zucker

LAUGENKNÖDEL

200 g Laugenbrötchen
160 ml Milch
2 Eier
1/2 Bund Petersilie
Salz, Pfeffer, Muskatnuss

1 Für die geschmorten Kalbsbäckchen Haut und Sehnen möglichst weitgehend entfernen. Die Kalbsbäckchen mit Salz und Pfeffer würzen und in einem Bräter in heißem Pflanzenöl von allen Seiten anbraten.

2 Karotte, Petersilienwurzel, Sellerie und Zwiebeln schälen und in grobe Würfel schneiden. Die Kalbsbäckchen aus dem Bräter nehmen und nun die Gemüsewürfel darin anbraten. Das Tomatenmark zugeben und mitrösten.

3 Mit etwas Wasser ablöschen und die Flüssigkeit verkochen lassen, so dass das Gemüse nochmals etwas rösten kann. Mit dem Rotwein ablöschen und mit 500 ml kaltem Wasser aufgießen. Die Kalbsbäckchen zurück in den Bräter geben und alles zum Kochen bringen.

4 Lorbeerblätter zugeben und die Kalbsbäckchen abgedeckt ca. 1,5 Stunden weich und saftig schmoren. Dann die Bäckchen aus der Sauce nehmen. Die Schmorsauce durch ein Sieb in einen Topf passieren und etwas einkochen lassen, abschmecken und eventuell mit Speisestärke binden. Cranberrys und Kalbsbäckchen wieder zugeben und in der heißen Sauce ziehen lassen.

5 Für den Preiselbeer-Rotkohl den Rotkohl in feine Streifen schneiden. Den Apfel vierteln, entkernen und fein reiben. Die Zwiebel schälen und fein reiben. Beides zusammen mit den Rotkohlstreifen in eine Schüssel geben.

6 Orangensaft, roten Portwein, Rotwein, Essig und Preiselbeermarmelade hinzugeben und alles gut vermengen. Zimtstange, Nelken und Sternanis in einem Gewürzsäckchen in den Rotkohl hängen und 12 Stunden marinieren lassen.

7 Anschließend den Rotkohl in einem Topf mit Deckel bei milder Hitze weichschmoren und mit Salz und Zucker abschmecken. Danach das Schmalz in den Rotkohl einrühren.

8 Für die kleinen Laugenknödel die Laugenbrötchen in feine Würfel schneiden. Die Milch aufkochen und mit Salz, Pfeffer und geriebener Muskatnuss würzen. Die Milch etwas abkühlen lassen und zusammen mit den Eiern zu den Brötchenwürfeln geben. Die Petersilie fein hacken und hinzufügen. Alles gut miteinander verkneten und 30 Minuten abgedeckt ziehen lassen.

9 Mit nassen Händen aus der Masse kleine Knödel formen und diese in kochendem Salzwasser 15 Minuten garen.

10 Je zwei geschmorte Kalbsbäckchen auf einen Teller geben und mit der Cranberrysauce, dem Preiselbeer-Rotkohl und den Laugenknödeln anrichten.

H

HÜLSEN-FRÜCHTE

Das Wort »Hülsenfrüchte« hatte für mich als Kind eine besondere Bedeutung. Denn, ich sage es ganz frei raus, ich mochte sie alle nicht. Wenn es bei uns Linsensuppe gab oder dicke Bohnen, verbrachte ich einen langen Mittag am Tisch, da immer nur winzige Mengen davon auf meine Gabel wanderten. Dabei wurden sie von meiner Tante Berta oder meiner Mutter gekonnt zubereitet. Aber der leicht mehlige Geschmack der Hülsenfrüchte konnte mich einfach nicht begeistern.

Inzwischen sieht das ganz anders aus. Die wunderbare Süße der Erbsen, die Knackigkeit der Bohnen oder auch die Deftigkeit von Linsen begeistern mich. Eins meiner Lieblingsgerichte habe ich hier für Sie aufgeschrieben: Schmandlinsen. Zusammen mit einem auf der Haut gebratenem Zanderfilet und knusprigen Streichholzkartoffeln finden Sie das Rezept auf Seite 90.

SCHNIBBELBOHNENSUPPE MIT METTWURST

FÜR 2 PERSONEN

2 kleine Zwiebeln
150 g Karotten
150 g Kartoffeln
250 g breite Bohnen
100 g Lauch
25 g Butter
50 g Speckscheiben
750 ml Rinderbrühe
2 Lorbeerblätter
2 Mettwürste
4 Zweige Bohnenkraut
Salz, Pfeffer

1 Für die Schnibbelbohnensuppe zunächst die Gemüse vorbereiten. Dafür die Zwiebeln schälen und in feine Würfel schneiden. Die Karotten und Kartoffeln schälen. Die Karotten in schräge Scheiben und die Kartoffeln in große Würfel schneiden. Die breiten Bohnen waschen und schräg in Rauten schneiden. Beim Lauch nur den hellgrünen Teil verwenden und in Streifen schneiden.

2 Die Butter in einem Topf erhitzen. Die Speckscheiben in Streifen schneiden und in der Butter anbraten. Die Zwiebelwürfel zugeben und anschwitzen. Mit der Rinderbrühe ablöschen, alles zum Kochen bringen und die Lorbeerblätter hinzufügen.

3 Zuerst die Kartoffelwürfel zugeben und 5 Minuten köcheln lassen, danach die Karottenscheiben hinzufügen und weitere 5 Minuten köcheln lassen. Die Mettwürste sowie die Bohnenrauten ebenfalls in die Suppe geben und nach 5 Minuten zuletzt die Lauchstreifen. Alles nochmal 3 Minuten köcheln lassen.

4 Die Bohnenkrautblätter von den Stängeln zupfen und fein hacken. Die Schnibbelbohnensuppe mit Salz und frisch gemahlenem Pfeffer abschmecken und mit dem Bohnenkraut verfeinern.

ZANDER MIT BALSAMICO-SCHMANDLINSEN & STREICHHOLZ-KARTOFFELN

FÜR 2 PERSONEN

BALSAMICO-SCHMANDLINSEN

2 Schalotten
1 Knoblauchzehe
50 g Speckscheiben
30 g Butter
120 g kleine grüne Linsen
100 ml Weißwein
400 ml Gemüsebrühe
1 Karotte
1/4 Stück Knollensellerie
1/4 grüner Lauch
30 ml weißer Balsamicoessig
150 g Schmand

STREICHHOLZKARTOFFELN

400 g festkochende Kartoffeln
1,5 l Pflanzenöl
Salz

ZANDER

2 Zanderfilets mit Haut à 150 g
50 ml Pflanzenöl
1/2 Limette
20 g frischer Meerrettich
1/2 Bund Schnittlauch
20 ml dunkler Balsamicoessig
Salz, Pfeffer

1 Für die Balsamico-Schmandlinsen die Schalotten und die Knoblauchzehe schälen und in feine Würfel schneiden. Die Speckscheiben ebenfalls fein würfeln.

2 Die Butter in einem Topf erhitzen und die Würfel darin anschwitzen. Die grünen Linsen zugeben und mit Weißwein ablöschen. Die Gemüsebrühe angießen und zum Kochen bringen. Die Linsen abgedeckt 25 Minuten leicht köchelnd garen.

3 Die Karotte und das Viertel Sellerieknolle schälen und in Würfel schneiden. Den grünen Lauch ebenfalls würfeln. Die Gemüsewürfel zu den Linsen geben. Anschließend den weißen Balsamicoessig und den Schmand einrühren.

4 Den Topfdeckel abnehmen und weitere 10 Minuten schön sämig einkochen. Gegebenenfalls etwas Wasser zugeben. Mit Salz und Pfeffer abschmecken.

5 Für die Streichholzkartoffeln die Kartoffeln schälen und in Blockform schneiden. Aus den Blöcken streichholzgroße Stücke schneiden, die ca. 3-4 mm dick und 5 cm lang sind. Die Streichholzkartoffeln für 10 Minuten in kaltem Wasser einlegen, um die enthaltende Kartoffelstärke abzuwaschen. Danach das Wasser abgießen, die Streichholzkartoffeln abtropfen lassen und auf Küchenkrepp trocken tupfen.

6 Das Pflanzenöl in einem Topf oder einer Fritteuse auf 180 °C erhitzen und die Kartoffelstreifen darin frittieren, bis sie schön knusprig sind. Mit Salz würzen.

7 Die Zanderfilets auf beiden Seiten salzen und pfeffern. Das Pflanzenöl in einer beschichteten Pfanne erhitzen und die Fischfilets auf der Hautseite in die Pfanne legen. Bei mäßiger Temperatur ca. 5 Minuten braten. Gegebenenfalls die Temperatur erhöhen, damit die Haut schön knusprig wird. Dann die Fischstücke wenden, fertig garen und mit einigen Spritzern Limettensaft würzen.

8 Die Balsamico-Schmandlinsen auf die Teller geben und darauf die gebratenen Zanderfilets legen. Den Meerrettich schälen und fein darüberreiben. Schnittlauch in Röllchen schneiden und zusammen mit einigen Tropfen dunklem Balsamicoessig und den frittierten Streichholzkartoffeln zum Zander anrichten.

KABELJAU MIT GRÜNEM ERBSENPÜREE & BEURRE BLANC

FÜR 2 PERSONEN

GRÜNES ERBSENPÜREE

1 Schalotte
50 g Butter
50 ml Grauburgunder
200 ml Sahne
250 g grüne Erbsen
Salz, Pfeffer, Zucker

BEURRE BLANC

100 g Schalotten
300 g Lauch
50 g Butter
375 ml Grauburgunder
150 ml weißer Portwein
150 ml Crème double
1 Limette
1 Msp. Piment d' Espelette
100 g Butter
Salz, Pfeffer, Zucker

KRÄUTERÖL

25 g Petersilie
25 g Dill
25 g Estragon
100 ml Olivenöl
1 Prise Salz

KABELJAU

2 Kabeljaufilets à 150 g
50 ml Pflanzenöl
1 Bio-Zitrone
20 g gelber Friséesalat
2 Stängel Dill
2 Stängel Vogelmiere
Salz, Pfeffer

1 Die Schalotte schälen und in Scheiben schneiden. Die Butter in einem Topf zerlassen und die Schalottenscheiben darin anschwitzen. Mit dem Grauburgunder ablöschen und die Sahne zugeben. Um die Hälfte reduzieren lassen.

2 Die Erbsen für 4 Minuten in kochendem Salzwasser garen und abgießen. In die reduzierte Sahnesauce geben und alles in einem Mixer fein pürieren. Das Erbsenpüree durch ein Sieb streichen und mit Salz, Pfeffer und Zucker abschmecken.

3 Für die Beurre blanc die Schalotten schälen und in Scheiben schneiden. Den weißen bis hellgrünen Teil vom Lauch waschen und ebenfalls in Scheiben schneiden.

4 In einem Topf 50 g Butter schmelzen lassen und die Schalotten- und Lauchscheiben darin anschwitzen. Mit Grauburgunder und Portwein ablöschen und um die Hälfte reduzieren lassen. Mit der Crème double auffüllen und wiederum um die Hälfte reduzieren. Etwas abgeriebene Limettenschale zugeben und 5 Minuten ziehen lassen.

5 Die Sauce mit einem Mixstab fein pürieren und durch ein Sieb in einen zweiten Topf passieren. Die Beurre blanc wieder erhitzen und leicht cremig einkochen. Mit etwas Limettensaft, Piment d' Espelette, Salz, Pfeffer und Zucker abschmecken. Zum Schluss 100 g Butter schaumig in die Sauce einmixen.

6 Für das Kräuteröl die Kräuter waschen und auf Küchenkrepp abtropfen lassen. Die Kräuterblätter von den Stielen zupfen. Das Olivenöl in einem kleinen Topf auf 70 °C erhitzen und es zusammen mit den Kräuterblättern in einen Mixer geben. Alles 2 Minuten auf höchster Stufe mixen. Anschließend durch ein feines Passiertuch geben und das grüne Kräuteröl auffangen.

7 Die Kabeljaufilets beidseitig mit Salz und Pfeffer würzen. Das Pflanzenöl in einer beschichteten Pfanne erhitzen und die Kabeljaufilets darin von beiden Seiten je 4 Minuten sanft braten. Mit einigen Spritzern Zitronensaft würzen.

8 Den gelben Friséesalat und die Kräuter waschen. Dillspitzen und Vogelmiereblätter von den Stängeln zupfen und mit dem Frisée und etwas abgeriebener Zitronenschale vermengen. Mit Zitronensaft, Salz und 1 EL Kräuteröl abschmecken. Den Kräutersalat auf den gebratenen Kabeljaufilets anrichten.

9 Das grüne Erbsenpüree erhitzen und mittig auf die Teller geben. Die Kabeljaufilets mit dem Kräutersalat aufsetzen und mit der Beurre blanc umgießen. Zum Schluss das Gericht mit einigen Tropfen grünem Kräuteröl garnieren.

K

KÜRBIS

Der Kürbis ist eines meiner Lieblingsgemüse, obwohl er botanisch gesehen ja zur Gattung der Fruchtgemüse gehört. Wie dem auch sei – Kürbisse lassen sich in der Küche auf vielfältige Art zubereiten und genießen deshalb große Beliebtheit.

Ich bitte Sie jedoch, beim Zerteilen eines Kürbisses immer vorsichtig zu sein. Durch seine runde oder ovale Form und seine harte Struktur ist ein wenig handwerkliches Geschick dabei erforderlich, um sich nicht zu verletzen. Wenn der Kürbis aber erstmal aufgeschnitten ist, gibt er sein oranges Fruchtfleisch mit dem charakteristischen leicht süßlichen Aroma preis.

Übrigens, wenn Sie die Möglichkeit haben, Kürbisblüten zu ergattern, dann ziehen Sie diese durch einen Ausbackteig, frittieren Sie sie und dippen Sie die Blüten anschließend in eine süßlich-scharfe Paprika-Honig-Marmelade. Göttlich!

KÜRBISQUICHE MIT FELDSALAT

FÜR 2 PERSONEN

QUICHETEIG

130 g Butter
250 g Mehl
1 Ei
1 EL weißer Balsamicoessig
1 TL Salz
etwas Butter und Mehl für die Form
500 g Backlinsen

KÜRBISFÜLLUNG

1 Butternusskürbis
2 Zwiebeln
100 g Speckscheiben
1/8 Stange Lauch
20 g Butter
4 Stängel Petersilie
1/2 Bund Schnittlauch
160 g Fetakäse
250 g Crème fraîche
4 Eier
Salz, Pfeffer, Muskatnuss

FELDSALAT

100 g Feldsalat
1 Bio-Zitrone
2 EL Olivenöl
1 EL Honig
Salz, Pfeffer

1 Für den Quicheteig die Butter in kleine Würfel schneiden und zusammen mit dem Mehl, dem Ei, dem weißen Balsamicoessig und dem Salz rasch zu einem glatten Teig verkneten. Den Teig in Frischhaltefolie wickeln und für 1 Stunde im Kühlschrank ruhen lassen.

2 Eine Tarteform mit 28 cm Durchmesser mit Butter einpinseln und mit Mehl bestäuben. Den Quicheteig aus dem Kühlschrank nehmen und auf einer bemehlten Arbeitsfläche zu einem ca. 3 mm dicken Kreis ausrollen. Den Teig vorsichtig in die Tarteform legen und am Rand hochziehen. Mehrmals mit einer Gabel einstechen und mit einem rund ausgeschnittenen Backpapier belegen.

3 Die Backlinsen einfüllen und die Quiche im 180 °C heißen Umluftofen 20 Minuten blind backen. Aus dem Ofen nehmen und das Backpapier mit den Linsen abnehmen.

4 Für die Füllung den Kürbis schälen, halbieren, entkernen und grob raspeln. Die Zwiebeln schälen und in feine Würfel schneiden. Die Speckscheiben ebenfalls fein würfeln. Den Lauch waschen und in Würfel schneiden. Zwiebel-, Speck- und Lauchwürfel in einer Pfanne mit Butter anschwitzen und anschließend abkühlen lassen.

5 Die Petersilie und den Schnittlauch waschen. Die Blätter der Petersilie abzupfen und fein hacken. Den Schnittlauch in feine Röllchen schneiden. Den Fetakäse in Würfel schneiden.

6 Die Crème fraîche mit den Eiern in einer Schüssel verrühren und kräftig mit Salz, Pfeffer und geriebener Muskatnuss abschmecken. Die Zwiebel-, Speck-, und Lauchwürfel, die Kräuter und die Käsewürfel hinzugeben. Von den Kürbisraspeln 350 g abwiegen, ebenfalls zugeben und alles miteinander vermengen.

7 Die Füllung auf dem vorgebackenen Quicheboden verteilen und die Quiche bei 180 °C im Umluftofen 40 Minuten backen. Falls sie zu dunkel werden sollte, mit Alufolie abdecken.

8 Den Feldsalat gut waschen und trockenschleudern. Die Schale einer Bio-Zitrone abreiben und den Saft aus einer Zitronenhälfte auspressen. Beides zusammen mit Olivenöl und Honig verrühren und mit Salz und Pfeffer würzen. Den Feldsalat damit marinieren.

9 Die Kürbisquiche aus der Form nehmen und in Stücke geschnitten zusammen mit dem Feldsalat servieren.

CURRY-KÜRBISCREMESUPPE MIT JAKOBSMUSCHELN

FÜR 2 PERSONEN

CURRY-KÜRBISCREMESUPPE

1 Butternusskürbis
1 Zwiebel
2 Knoblauchzehen
2 Äpfel Sorte Braeburn
40 g Butter
1 EL Currypulver
400 ml Gemüsebrühe
350 ml Sahne
2 EL weißer Balsamicoessig
1 Spritzer Tabasco
Salz, Zucker

PETERSILIENÖL

80 g Blattpetersilie
80 ml Olivenöl
1 Prise Salz

JAKOBSMUSCHELN

4 Jakobsmuscheln
40 ml Olivenöl
1/2 Limette
etwas Korianderkresse
blaue essbare Blüten, z.B. Vergissmeinnicht
Salz, Pfeffer

1 Für die Curry-Kürbiscremesuppe den Butternusskürbis schälen, halbieren und entkernen. Das Kürbisfleisch in grobe Würfel schneiden und 400 g abwiegen.

2 Die Zwiebel und die beiden Knoblauchzehen schälen und würfeln. Die Äpfel schälen, vierteln, entkernen und in Würfel schneiden.

3 Die Butter in einem Topf erwärmen und die Kürbis-, Zwiebel-, Knoblauch- und Apfelwürfel darin gut anschwitzen. Das Currypulver zugeben und mit der Gemüsebrühe auffüllen. Alles zum Kochen bringen und 30 Minuten bei mäßiger Hitze köcheln lassen. Danach die Sahne zur Suppe geben und nochmals 10 Minuten köcheln lassen.

4 Die Cremesuppe mit einem Mixstab fein pürieren und durch ein Sieb passieren. Mit weißem Balsamicoessig, Tabasco, Salz und Zucker abschmecken. Die Curry-Kürbiscremesuppe sollte eine leicht sämige Konsistenz haben. Dafür gegebenenfalls noch etwas Flüssigkeit hinzufügen.

5 Für das Petersilienöl die Petersilie waschen und auf Küchenkrepp abtropfen lassen. Die Blätter von den Stängeln zupfen.

6 Das Öl in einem Topf auf 70 °C erhitzen und zusammen mit den Petersilienblättern und einer Prise Salz in einem Mixer auf höchster Stufe 2 Minuten mixen. Anschließend durch ein Passiertuch geben und das grüne Öl auffangen.

7 Die Jakobsmuscheln beidseitig mit Salz und Pfeffer würzen und auf zwei Spieße stecken. Die Muscheln in einer Pfanne in heißem Olivenöl 2 Minuten je Seite braten. Mit etwas Limettensaft beträufeln.

8 Die Curry-Kürbiscremesuppe erhitzen, mit einem Pürierstab schaumig aufmixen und in Schalen füllen. Das grüne Petersilienöl in die Suppe träufeln. Die Jakobsmuschel-Spieße anlegen und mit Korianderkresse und den Blüten garnieren.

ENTENBRUST IN ORANGENSAUCE MIT KÜRBISPÜREE & KÜRBISCHIPS

FÜR 2 PERSONEN

ENTENBRUST IN ORANGENSAUCE

3 Bio-Orangen
2 Entenbrüste à 170 g
30 ml Pflanzenöl
100 ml Grand Marnier
200 ml dunkle Geflügelsauce
30 g Butter
Salz, Pfeffer

KÜRBISPÜREE

1 Zwiebel
1/2 Butternusskürbis
1/4 Sellerieknolle
30 g Butter
20 g Ingwer
150 ml Sahne
1 Spritzer Limette
Salz, Zucker

KÜRBISCHIPS

100 g Butternusskürbis
2 EL Mehl
1 l Pflanzenöl
Salz

1 Von einer Orange die Schale mit einem Zestenreißer in Streifen ablösen. Die Orange halbieren und den Saft auspressen. Die zwei anderen Orangen mit einem scharfen Messer schälen und die einzelnen Orangenfilets herauslösen. Aus dem restlichen Fruchtfleisch ebenfalls den Saft auspressen.

2 Die Entenbrüste von Sehnen befreien und die Haut kreuzförmig einschneiden. Die Entenbrüste beidseitig salzen und pfeffern. Das Pflanzenöl in einer Pfanne erhitzen und die Entenbrüste zuerst auf der Hautseite anbraten, bis die Haut schön braun und knusprig ist. Danach wenden und kurz auf der Fleischseite anbraten.

3 Die Entenbrüste aus der Pfanne nehmen und im 160 °C heißen Umluftofen ca. 5 Minuten rosa garen. Danach die Entenbrüste in Alufolie gerollt ruhen lassen.

4 Für die Orangensauce das Fett in der Pfanne abgießen und den Bratensaft mit Grand Manier ablöschen. Den Orangensaft und die Orangenzesten hinzugeben und diese weichköcheln lassen. Die dunkle Geflügelsauce zugeben und etwas einkochen lassen. Die Butter mit einem Schneebesen in die Sauce einrühren und die Orangenfilets in der Sauce erwärmen. Mit Salz und Pfeffer abschmecken.

5 Für das Kürbispüree die Zwiebel schälen und grob würfeln. Den Kürbis schälen, entkernen, in Würfel schneiden und 360 g abwiegen. Die Sellerieknolle schälen, grob würfeln und 180 g abwiegen.

6 Die Butter in einem Topf erwärmen und die Zwiebel-, Kürbis- und Selleriewürfel bei mäßiger Hitze anschwitzen. 4 EL Wasser zugeben und das Gemüse 20 Minuten weichdünsten. Den Ingwer schälen, kleinschneiden und zugeben. Die Sahne zufügen und um die Hälfte einkochen lassen.

7 Das gekochte Gemüse in einem Mixer fein pürieren und mit etwas Limettensaft, Salz und Zucker abschmecken. Anschließend das Kürbispüree in einem Topf nochmals erhitzen.

8 Für die Kürbischips den Kürbis mit einem Küchenhobel in möglichst dünne Scheiben schneiden und diese mit Küchenkrepp trockentupfen. Die Kürbisscheiben in eine Schüssel geben und mit Mehl bestäuben. Das Pflanzenöl in einem Topf oder in einer Fritteuse vorsichtig auf 120 °C erhitzen und die bemehlten Kürbisscheiben darin knusprig ausbacken. Anschließend die Scheiben auf Küchenkrepp abtropfen lassen und leicht salzen.

9 Die Entenbrüste in Tranchen aufschneiden und mit der Orangensauce auf Tellern anrichten. Vom Kürbispüree mit zwei Löffeln Nocken abstechen und neben die Entenbrüste setzen. In jede Nocke einige Kürbischips stecken.

H

HUHN

Wenn ich an köstliche Gerichte mit Geflügel denke, dann fällt mir sofort Tante Bertas Hühnerfrikassee ein. Sie nahm dafür ein Huhn und kochte es zuerst im Ganzen mit frischem Suppengemüse, Petersilienstengeln und einer mit Lorbeerblättern und Nelken gespickten Zwiebel. Anschließend wurde das Hühnchen aus der Brühe genommen und in grobe Stücke gezupft.

Separat machte Tante Berta in einem zweiten Topf eine klassische Mehlschwitze, goss sie mit der Hühnerbrühe auf und ließ die Sauce etwas einkochen. Dann kamen ein wenig Milch und Sahne dazu und das zerkleinerte Hühnerfleisch. Anschließend gab meine Tante noch gekochte und kleingeschnittene Spargelstangen, kleine grüne Erbsen und frische Champignonköpfe hinzu.

Mit frisch gehackter Petersilie und einigen Spritzern Zitrone wurde zum Schluss alles verfeinert - einfach köstlich! Weitere schöne Rezepte mit Huhn gibt es auf den folgenden Seiten.

SATAY-SPIESSE MIT RADIESCHENSALAT & MANGOCHUTNEY

FÜR 2 PERSONEN

SATAY-SPIESSE

1 Hähnchenbrust à 250 g
1 TL gelbe Currypaste
1 EL Sesamöl
1 EL Pflanzenöl
50 ml Sahne
1 TL Honig
Salz, Pfeffer, Zucker

RADIESCHENSALAT

1 Bund bunte Radieschen
2 Snackgurken
2 EL Pflanzenöl
1 EL weißer Balsamicoessig
2 Stängel Petersilie
Salz, Pfeffer, Zucker

MANGOCHUTNEY

1 Mango
2 Schalotten
40 g Zucker
40 ml weißer Balsamicoessig
1 rote Peperoni
15 g Ingwer
Salz

1 Für die Satay-Spieße die Hähnchenbrust in 12 cm lange und 1cm dicke Streifen schneiden. Die gelbe Currypaste zusammen mit den Ölen, Sahne, Honig, Salz, Pfeffer und Zucker in einer Schüssel verrühren. Die Hühnchenstreifen darin marinieren und abgedeckt für 1 Stunde kaltstellen.

2 Die Hühnchenstreifen wellenförmig auf Holzspieße stecken und auf einem Holzkohlegrill oder in einer Pfanne bei mäßiger Hitze auf beiden Seiten je 3-4 Minuten garen. Mit frisch gemahlenem schwarzem Pfeffer würzen.

3 Für den Radieschensalat die Radieschen waschen und halbieren. Die Snackgurken waschen und in Scheiben schneiden. Pflanzenöl und Essig in einer Schüssel verrühren und mit Salz, Pfeffer und einer Prise Zucker abschmecken.

4 Die Petersilie waschen und die Blätter von den Stängeln zupfen. Die Petersilienblätter in Streifen schneiden und zusammen mit den Radieschen und den Gurkenscheiben in der Vinaigrette marinieren.

5 Für das Mangochutney die Mango schälen. Das Fruchtfleisch vom Kern lösen und in Würfel schneiden. Mangoabschnitte aufbewahren.

6 Die Schalotten schälen und fein würfeln. Den Zucker in einem kleinen Topf zu einem hellen Karamell schmelzen lassen, die Schalottenwürfel unterrühren und vorsichtig mit dem Essig sowie 4 EL Wasser ablöschen. Die Mangoabschnitte zugeben und alles etwas einkochen lassen.

7 Die Peperoni der Länge nach aufschneiden, entkernen und in Würfel schneiden. Den Ingwer schälen und fein reiben. Peperoniwürfel und geriebenen Ingwer ebenfalls in den Topf geben und zuletzt die Mangowürfel dazugeben. Alles miteinander vermengen und mit einer Prise Salz abschmecken.

8 Das Mangochutney in kleine Schälchen füllen und mit dem Radieschensalat zu den Satay-Spießen reichen.

JAMBALAYA MIT HÜHNCHEN & CHORIZO

FÜR 2 PERSONEN

JAMBALAYA

75 g Speckscheiben
50 g Chorizo
1 kleine Zwiebel
1 Knoblauchzehe
1 rote Paprika
1 Hähnchenbrust à 250 g
8 Garnelen
1 Stange Staudensellerie
1 Bund Frühlingslauch
3 Tomaten
2 EL Pflanzenöl
75 g Langkornreis
250 ml Geflügelbrühe
1 TL Tomatenmark
2 Spritzer Tabasco
1 TL Paprikapulver edelsüß
1 Prise Cayennepfeffer
1 Zweig Rosmarin
1 Zweig Thymian
Salz

1 Für die Jambalaya zuerst die Speckscheiben und die Chorizo in Streifen schneiden. Die Zwiebel und die Knoblauchzehe schälen und fein würfeln.

2 Die Paprika vierteln, entkernen und in Würfel schneiden. Die Hähnchenbrust in Streifen schneiden und die Garnelen aus ihrer Schale pellen.

3 Den Staudensellerie und den Frühlingslauch waschen und in Scheiben schneiden. Die Tomaten vierteln, entkernen und fein würfeln.

4 Das Pflanzenöl in einem flachen Bräter oder in einer gusseisernen Pfanne erhitzen und die Speckstreifen darin anschwitzen. Die Zwiebel- und Knoblauchwürfel zugeben und mit anschwitzen. Die Chorizostreifen und die Paprikawürfel zugeben, ebenso die Hühnchenstreifen und die Garnelen. Alles 2 Minuten anbraten.

5 Dann den geschnittenen Staudensellerie, den Frühlingslauch sowie die Tomatenwürfel hineingeben. Den Langkornreis untermischen. Die Geflügelbrühe mit dem Tomatenmark verrühren und die Jambalaya damit auffüllen.

6 Tabasco, Paprikapulver und Cayennepfeffer zugeben. Die Kräuter waschen, die Blättchen von den Stielen zupfen und hinzufügen. Die Jambalaya etwas salzen und gut durchrühren.

7 Die Jambalaya mit geschlossenem Topfdeckel auf dem Herd bei mäßiger Temperatur 15 Minuten garen. Nach 15 Minuten den Deckel abnehmen und die Jambalaya nochmals mit etwas Salz und Cayennepfeffer abschmecken. Sie sollte schön saftig sein, deshalb eventuell noch etwas Wasser zufügen.

TIPP: DIESES GERICHT EIGNET SICH WUNDERBAR DAFÜR, KLEINE MENGEN AN UNTERSCHIEDLICHEN ZUTATEN, DIE NOCH IM KÜHLSCHRANK SIND, ZU VERARBEITEN.

ZITRONENHUHN AUS DEM OFEN MIT ZITRONENTHYMIAN

FÜR 2 PERSONEN

1/2 Bund Zitronenthymian
1/2 Bund Rosmarin
5 Knoblauchzehen
1 Huhn à 1,5 kg
300 g kleine Kartoffeln
2 Bio-Zitronen
5 EL Olivenöl
100 g grüne Oliven ohne Stein
50 g Butter
etwas grobes Salz
Salz, Pfeffer

1 Zunächst die Kräuter waschen und abtropfen lassen. 3 Knoblauchzehen schälen und andrücken. Das Huhn leicht mit Wasser befeuchten und von innen und außen gut mit Salz und Pfeffer einreiben. Anschließend mit den Knoblauchzehen und der Hälfte der Kräuter füllen.

2 Die kleinen Kartoffeln mit Schale gründlich waschen, für 10-12 Minuten in kochendem Wasser halbgar kochen und anschließend halbieren. Die Kartoffeln sollten in der Mitte noch etwas fest sein.

3 Das gefüllte Hühnchen mit der Brustseite nach unten in einen Bräter oder in eine große Auflaufform legen. Die halbierten Kartoffeln um das Huhn herum verteilen und leicht salzen und pfeffern.

4 Eine Bio-Zitrone in Scheiben schneiden und die Zitronenscheiben neben das Huhn in den Bräter oder die Auflaufform legen. Die zweite Zitrone auspressen und den Saft mit dem Olivenöl verrühren. Anschließend das Huhn und die Kartoffeln damit beträufeln.

5 250 ml kochendes Wasser angießen und das Huhn bei 170 °C für 30 Minuten im Umluftofen garen.

6 Anschließend das Huhn mit der Brustseite nach oben wenden. Die grünen Oliven halbieren, um das Huhn herum verteilen und alles weitere 60 Minuten im Ofen garen, bis das Huhn und die Kartoffeln goldbraun sind. Es sollte immer etwas Flüssigkeit im Bräter sein. Wenn zu viel Wasser verdampft, noch etwas Flüssigkeit zugeben.

7 Die Blätter von den restlichen Kräutern zupfen und fein hacken. 2 Knoblauchzehen schälen und ebenfalls fein hacken. Die Butter in einem kleinen Topf erhitzen und die Kräuter und den Knoblauch 5 Minuten darin anschwitzen.

8 Die Kräuter-Knoblauch-Butter zum Schmorfond im Bräter geben und alles zu einer cremigen Sauce einkochen lassen.

9 Das gegarte Huhn auf einer Servierplatte anrichten. Die Kartoffeln, Oliven und Zitronenscheiben um das Huhn herum auf der Platte verteilen. Die Kräutersauce angießen und das Zitronenhuhn mit etwas grobem Salz bestreut servieren.

R
REIS

Reis ist eines der am meisten unterschätzten Lebensmittel. Dabei kann man ihn so vielfältig einsetzen, und er gehört zu den wichtigsten Getreidearten.

Meine Freundin Roya bereitet für uns gerne Tahdig zu. Bei diesem iranischen Reisgericht handelt es sich um einen herrlich lockeren Reiskuchen mit einer knusprigen Kruste. Dafür wird langkörniger Basmatireis mehrfach gewaschen und mit Butter, Salz und kaltem Wasser in einem Reiskocher aufgesetzt. Bei mittlerer Temperatur und verschlossenem Deckel köchelt der Reis ganz sanft, das Wasser verdampft dabei. Am Boden des Reiskochers karamellisiert der Reis in der Butter zu einer goldgelben Kruste. Zum Schluss wird der Reiskuchen auf eine Servierplatte gestürzt und in Tortenstücke geschnitten. Ein köstlicher Reisgenuss!

Wenn Sie nun Lust auf Reis bekommen haben, probieren Sie eines meiner folgenden Gerichte.

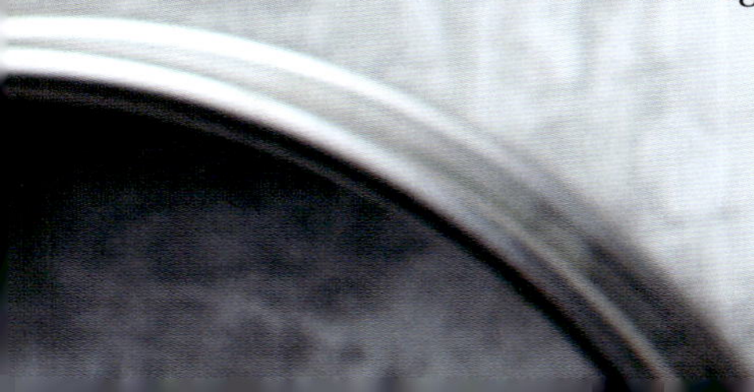

GEMÜSECURRY MIT BASMATIREIS & LITSCHIS

FÜR 2 PERSONEN

CURRYSAUCE

1 Zwiebel
50 g Butter
40 g Ingwer
10 g rote Currypaste
1 TL Kurkuma
250 ml Gemüsebrühe
300 ml Kokosmilch
200 ml Sahne
1 Limette
1 TL Palmzucker
etwas Speisestärke
Salz, Pfeffer

GEMÜSE

1/2 Blumenkohl
2 gelbe Karotten
4 Mini-Pak-Choi
80 g Zuckerschoten
1 rote Paprika
80 g Shiitake-Pilze
2 EL Sesamöl
1/2 Bund Frühlingslauch
80 g Litschis, frisch oder aus der Dose
1/2 Bund Koriander

BASMATIREIS

100 g Basmatireis
Salz

1 Für das Gemüsecurry zunächst die Currysauce zubereiten. Dazu die Zwiebel schälen, in Streifen schneiden und in einem Topf in zerlassener Butter anschwitzen. Den Ingwer schälen, fein reiben und zugeben. Die Currypaste und das Kurkuma hinzufügen und mit Gemüsebrühe, Kokosmilch und Sahne auffüllen. Alles um ein Drittel einkochen lassen und mit dem Abrieb und dem Saft einer Limette, Palmzucker, Salz und Pfeffer abschmecken.

2 Gegebenenfalls die Currysauce mit etwas angerührter Speisestärke binden, damit sie eine leicht cremige Konsistenz bekommt. Falls man es etwas schärfer mag, noch ein wenig mehr von der roten Currypaste zufügen.

3 Für das Gemüse die Blumenkohlröschen vom Strunk schneiden. Die Karotten schälen und schräg in Scheiben schneiden. Den Mini-Pak-Choi halbieren. Die Enden der Zuckerschoten knapp abschneiden. Die vorbereiteten Gemüse nacheinander in kochendem Salzwasser bissfest garen und in kaltem Wasser abschrecken.

4 Die Paprika waschen, vierteln, entkernen und in Stücke schneiden. Die Stiele der Shiitake-Pilze etwas kürzen. Paprikastücke und Pilze in einer Pfanne in heißem Sesamöl kurz anbraten.

5 Den Frühlingslauch waschen und in Ringe schneiden. Frische Litschis aus der Schale lösen oder Litschis aus der Dose in ein Sieb abgießen.

6 Die Currysauce erhitzen und das gekochte Gemüse, die angebratenen Paprika und Shiitake-Pilze, die Hälfte des Frühlingslauchs und die Litschis hineingeben. Den Koriander waschen, die Blätter von den Stielen zupfen, fein schneiden und unter das Gemüsecurry rühren.

7 Den Basmatireis gut waschen und in 250 ml Wasser mit etwas Salz abgedeckt 10-15 Minuten garen. Danach abgießen und die andere Hälfte des Frühlingslauchs unter den fertigen Basmatireis rühren.

8 Den Reis mittig in tiefen Teller anrichten und das Gemüsecurry um den Reis herum verteilen.

KOKOS-MILCHREIS MIT ZITRUSFRUCHTSALAT & KOKOSCHIPS

FÜR 2 PERSONEN

KOKOS-MILCHREIS

400 ml Kokosmilch
125 g Milchreis
1 Vanilleschote
60 g Zucker

ZITRUSFRUCHTSALAT

2 Orangen
1 rote Grapefruit
1 weiße Grapefruit
1 TL Speisestärke
2 Zweige Minze

KOKOSCHIPS

1/2 Kokosnuss
100 g Zucker

1 Für den Kokos-Milchreis die Kokosmilch mit dem Milchreis und 400 ml Wasser in einen Topf geben. Die Vanilleschote der Länge nach aufschneiden und das Vanillemark herauskratzen. Das Mark und die ausgekratzte Vanilleschote zu dem Milchreis geben und alles zum Kochen bringen.

2 Den Milchreis bei schwacher Hitze 30 Minuten ohne Deckel garen. Dabei immer wieder umrühren, um zu verhindern, dass der Milchreis am Topfboden ansetzt.

3 Danach die Vanilleschote herausnehmen und den Kokos-Milchreis mit Zucker abschmecken. Der Milchreis sollte weichgekocht sein und eine schön cremige Konsistenz haben.

4 Für den Zitrusfruchtsalat die Schale der Orangen und der Grapefruits mit einem Messer abschneiden und die einzelnen Fruchtfilets herauslösen. Aus dem restlichen Fruchtfleisch den Saft auspressen und in einem kleinen Topf auffangen. Den Saft aufkochen lassen und mit etwas angerührter Speisestärke leicht binden.

5 Den angedickten Fruchtsaft abkühlen lassen und die Zitrusfruchtfilets hineingeben. Die Minze waschen und die Blätter von den Stielen zupfen. Einige Minzspitzen zur Garnitur aufbewahren, die restlichen Blätter in Streifen schneiden und zum Zitrusfruchtsalat geben.

6 Für die Kokoschips die Kokosnuss ohne Schale auf einem Küchenhobel oder mit einem Sparschäler vorsichtig in sehr dünne Scheiben schneiden. In einem Topf den Zucker mit 100 ml Wasser aufkochen und die Kokosnussscheiben kurz darin blanchieren.

7 Ein Backblech mit Backpapier auslegen und die Kokosnussscheiben einzeln mit etwas Abstand darauf auslegen. Im 80 °C heißen Umluftofen die Scheiben zu Chips trocknen lassen. Die Ofentür währenddessen ab und zu öffnen, damit die feuchte Luft entweichen kann.

8 Den Kokos-Milchreis in Schalen anrichten und den Zitrusfruchtsalat darauf verteilen. Die getrockneten Kokoschips darauflegen und mit den Minzspitzen garnieren.

ROTE-BETE-RISOTTO MIT MEERRETTICH & KRÄUTERN

FÜR 2 PERSONEN

ROTE-BETE-RISOTTO

2 Schalotten
2 EL Olivenöl
150 g Risottoreis
100 ml Weißwein
300 ml Rote Bete Saft
300 ml Gemüsebrühe
2 gegarte Rote Bete
50 g Parmesan
40 g Butter
1/2 Limette
Salz, Pfeffer

MEERRETTICH-CREME

75 g Meerrettich
75 g Crème fraîche
1/2 Limette
Salz, Pfeffer

KRÄUTER

2 Stängel Estragon
2 Stängel Dill
2 Stängel Kerbel
2 Stängel Löwenzahn
2 Stängel Vogelmiere
1 EL Haselnussöl
2 Spritzer Limettensaft
1 Prise Salz

1 Für das Rote-Bete-Risotto die Schalotten schälen und in feine Würfel schneiden. Das Olivenöl in einem Topf erhitzen und die Schalottenwürfel darin anschwitzen.

2 Den Risottoreis in einer Schüssel waschen und das Wasser abgießen. Den Reis in den Topf zu den Schalottenwürfeln geben und mit anschwitzen. Anschließend mit Weißwein ablöschen, etwas reduzieren lassen und den Rote-Bete-Saft zufügen.

3 Die Gemüsebrühe separat in einem Topf erhitzen und nach und nach unter gelegentlichem Rühren zum Risotto geben.

4 Die gegarte Rote Bete in Würfel schneiden. Sobald der Reis im Risotto nur noch leicht bissfest ist, die Rote-Bete-Würfel unterrühren.

5 Den Parmesan fein reiben und mit der Butter zusammen zum Schluss in das Rote-Bete-Risotto rühren, so dass es bindet und leicht sämig wird. Das fertige Risotto mit etwas Limettensaft, Salz und Pfeffer abschmecken.

6 Für die Meerrettich-Creme den Meerrettich schälen und fein reiben. 2 TL geriebenen Meerrettich aufbewahren. Den restlichen Meerrettich mit der Crème fraîche in einer Schüssel verrühren und mit etwas Abrieb und dem Saft einer halben Limette sowie Salz und Pfeffer würzen.

7 Die Kräuter waschen und auf Küchenkrepp abtropfen lassen. Die Blätter von den Stielen zupfen und mit Haselnussöl, Limettensaft und Salz mischen.

8 Das Rote-Bete-Risotto in tiefen Teller anrichten. Eine große Nocke Meerrettich-Creme draufsetzen und mit den Kräutern garnieren. Den restlichen geriebenen Meerrettich über dem Gericht verteilen.

P
PILZE

Es gibt kaum ein Lebensmittel, das einerseits so stark von der Saison abhängt und andererseits vollkommen saisonunabhängig sein kann, wie Pilze. Pfifferlinge, Steinpilze, Spitzmorcheln und viele andere Pilzsorten kann man nicht kultivieren. Sie werden von Hand gesammelt und sind nur für eine bestimmte Zeit auf dem Markt. Dagegen werden Champignons, Shiitake-Pilze und Seitlinge gezüchtet und das ganze Jahr über angeboten.

Pilze bereichern den Speisezettel ungemein, zumal sie auch einen ganz besonderen Geschmack haben, das sogenannte »Umami«. Diese fünfte Geschmacksrichtung wird auch als »würzig« oder »fleischig« beschrieben und verleiht Speisen eine schöne Geschmacksharmonie.

KAROTTEN-INGWER-SUPPE MIT SHIITAKE-PILZEN

FÜR 2 PERSONEN

KAROTTEN-INGWER-SUPPE

2 kleine Zwiebeln
30 g Butter
700 g Karotten
80 g Ingwer
150 ml Weißwein
800 ml Gemüsebrühe
1 Lorbeerblatt
300 ml Sahne
4 Stängel Koriander
1/2 Limette
Salz, Pfeffer, Zucker

SHIITAKE-PILZE

20 g Butter
80 g Shiitake-Pilze
Salz, Pfeffer

1 Für die Karotten-Ingwer-Suppe die Zwiebeln schälen und grob würfeln. Die Butter in einem Topf schmelzen lassen und die Zwiebeln darin anschwitzen. Die Karotten und den Ingwer schälen und in Scheiben schneiden. Beides zu den Zwiebeln geben und 10 Minuten bei mäßiger Hitze mit anschwitzen.

2 Den Suppenansatz mit Weißwein ablöschen und mit der Gemüsebrühe auffüllen. Das Lorbeerblatt zufügen und alles zum Kochen bringen. Die Karotten-Ingwer-Suppe 15 Minuten leicht köcheln lassen und anschließend die Sahne dazugeben.

3 Den Koriander waschen, abtropfen lassen und 4 schöne Blätter von den Stängeln zupfen. Die Blätter aufbewahren, die restlichen Korianderstängel zur Suppe geben.

4 Die Suppe weitere 15 Minuten köcheln lassen und danach das Lorbeerblatt und die Korianderstängel entfernen. Die Suppe fein pürieren und durch ein Sieb in einen zweiten Topf passieren. Die Suppe wieder erhitzen. Anschließend mit etwas Limettensaft, Salz, Pfeffer und Zucker abschmecken.

5 Die Shiitake-Pilze säubern und den Stiel etwas kürzen. Die Butter in einer Pfanne erhitzen und die Pilze anbraten. Mit Salz und Pfeffer würzen.

6 Die heiße Suppe mit einem Mixstab leicht aufschäumen und in Schalen anrichten. Die gebratenen Shiitake-Pilze in der Suppe verteilen und mit den aufbewahrten Korianderblättern garnieren.

QUETSCHKARTOFFELN MIT PFIFFERLINGEN & KROSSEM BAUERNSPECK

FÜR 2 PERSONEN

QUETSCHKARTOFFELN

700 g mittelgroße Kartoffeln
4 EL Olivenöl
1 TL grobes Meersalz
Salz, Pfeffer

KRÄUTERBUTTER

80 g Butter
1 Knoblauchzehe
3 Stängel Estragon
3 Stängel Petersilie
3 Stängel Rosmarin
3 Zweige Thymian
Salz, Pfeffer

PFIFFERLINGE

300 g Pfifferlinge
1 Schalotte
35 g Butterschmalz
Salz, Pfeffer

BAUERNSPECK

6 Scheiben Bauernspeck
2 EL Pflanzenöl

1 Die Kartoffeln schälen, in kochendem Salzwasser 20 Minuten garen und anschließend abgießen.

2 Ein Backblech mit Backpapier auslegen und mit etwas Olivenöl einpinseln. Die gekochten Kartoffeln mit etwas Abstand darauflegen und mit dem leicht geölten Boden einer kleinen Schüssel flachdrücken.

3 Die zerdrückten Kartoffeln mit etwas Meersalz bestreuen und mit Pfeffer würzen.

4 Für die Kräuterbutter die weiche Butter in eine Schüssel geben. Die Knoblauchzehe schälen und fein würfeln. Die Kräuter waschen und abtropfen lassen.

5 Die Kräuterblätter von den Stielen zupfen und fein hacken. Knoblauchwürfel und gehackte Kräuter zur Butter geben, alles gut miteinander verrühren und mit Salz und Pfeffer abschmecken.

6 Anschließend die Hälfte der Kräuterbutter auf die Kartoffeln verteilen und die Kartoffeln für 30 Minuten im 180 °C heißen Umluftofen goldbraun backen.

7 Die Pfifferlinge putzen und gut säubern. Die Schalotte schälen und in feine Würfel schneiden. In einer Pfanne das Butterschmalz erhitzen und die Pfifferlinge darin anbraten. Die Zwiebelwürfel dazugeben und leicht bräunen lassen. Mit Salz und Pfeffer abschmecken.

8 Für den krossen Bauernspeck die Speckscheiben in einer Pfanne mit etwas Pflanzenöl bei mäßiger Hitze schön knusprig braten und anschließend auf Küchenkrepp abtropfen lassen.

9 Die Quetschkartoffeln mit einer Palette vorsichtig vom Backblech auf die Teller übersetzen. Die restliche Kräuterbutter auf die Quetschkartoffeln geben und die Pfifferlinge dazwischen verteilen. Zum Schluss die krossen Speckscheiben auf die Kartoffeln legen und servieren.

GEBRATENE AUSTERNSEITLINGE MIT SPINAT-TAGLIATELLE & PARMESANSCHAUM

FÜR 2 PERSONEN

AUSTERNSEITLINGE

1 Schalotte
1 Knoblauchzehe
2 EL Olivenöl
200 g Austernseitlinge
2 Zweige Zitronenthymian
1/2 Zitrone
Salz, Pfeffer

SPINAT-TAGLIATELLE

40 g Babyspinat
230 g Mehl Type 405
2 Eier
1 EL Olivenöl
20 g Butter
Salz

PARMESANSCHAUM

250 g Parmesan
500 ml Gemüsebrühe
2 Schalotten
1 Knoblauchzehe
1 EL Olivenöl
100 ml weißer Portwein
100 ml Sahne
50 g Butter
1/2 TL Speisestärke
4 EL gehobelter Parmesan
Salz

1 Für die Austernseitlinge die Schalotte und die Knoblauchzehe schälen und in feine Würfel schneiden. Das Olivenöl in einer Pfanne erhitzen und die Würfel darin glasig anschwitzen.

2 Die Austernseitlinge säubern und zugeben. Die Pilze so lange braten, bis sie goldbraun sind. Den Zitronenthymian waschen und die Blätter von den Zweigen zupfen. Thymianblätter und etwas abgeriebene Zitronenschale zu den Pilzen geben. Die Pilze mit einigen Spritzern Zitronensaft sowie Salz und Pfeffer würzen.

3 Für die Spinat-Tagliatelle den Spinat waschen und gut abtropfen lassen. 10 schöne kleine Spinatblätter zur Seite stellen. Den restlichen Spinat mit dem Mehl in einem Mixer fein zerkleinern. Das Spinat-Mehl mit den Eiern, dem Olivenöl und einer Prise Salz 10 Minuten gut verkneten. Den Teig in Frischhaltefolie gerollt bei Zimmertemperatur 30 Minuten ruhen lassen.

4 Im Anschluss den Teig mit Hilfe einer Nudelmaschine zu dünnen Tagliatelle ausrollen. Die Tagliatelle in kochendem Salzwasser 4-5 Minuten »al dente« garen. Die Butter in einem kleinen Topf schmelzen lassen und die Spinattagliatelle zusammen mit den aufbewahrten Spinatblättern kurz durch die Butter schwenken.

5 Für den Parmesanschaum den Parmesan fein reiben und mit der kalten Gemüsebrühe in einem Mixer oder im Thermomix pürieren. Den Parmesanfond in einem Passiertuch über einer Schüssel aufhängen und vom abtropfenden Fond 250 ml abmessen.

6 Die Schalotten und die Knoblauchzehe schälen und fein würfeln. Das Olivenöl in einem Topf erhitzen und die Würfel anschwitzen. Mit weißem Portwein ablöschen und den abgetropften Parmesanfond sowie die Sahne zugeben.

7 Alles bei mäßiger Temperatur um die Hälfte reduzieren lassen und zum Schluss die Butter einmixen. Den Parmesanschaum mit etwas angerührter Speisestärke leicht binden und mit Salz abschmecken.

8 Die Spinat-Tagliatelle in tiefen Pasta-Tellern anrichten. Die gebratenen Austernseitlinge darüber verteilen. Den erwärmten Parmesanschaum mit einem Pürierstab aufschäumen und über die Pasta geben. Den gehobelten Parmesan locker über die Tagliatelle streuen.

P

PASTA, PASTA, PASTA

Es gibt sie, die einfachen Speisen für die Glückseligkeit. Eine gut gemachte Pasta gehört für mich auf jeden Fall dazu. Wenn es unter der Woche schnell gehen soll, kann man gute Pastasorten im Supermarkt besorgen und mit wenigen Handgriffen und überschaubarem Zeitaufwand daheim zu leckeren Gerichte verarbeiten.

Zu wahrer Pasta-Größe braucht es aber den selbst gemachten Nudelteig aus frischen Eiern, Mehl, Salz und Olivenöl. In Italien wird dazu traditionell ein Doppel 00er Mehl verwendet. Man kann aber auch ein einfaches Mehl der Typisierung 405 verwenden. Oder sie benutzen einen Hartweizengrieß, den sogenannten Semola, im Verhältnis 1:2 mit Mehl gemischt, um einen schönen Nudelteig zu erhalten.

»

100 G MEHL, 1 EI, 1 PRISE SALZ UND 1 EL OLIVENÖL.

«

Ein einfaches Grundrezept für Pastateig ist:
100 g Mehl, 1 Ei, 1 Prise Salz und 1 EL Olivenöl.

Das Olivenöl lässt den Pastateig schön geschmeidig werden und kann zusammen mit den anderen Zutaten verknetet werden. Ganz wichtig: Bitte den Teig ordentlich und ausreichend lang kneten oder in einer Knetmaschine kneten lassen. Diese Knetzeit sollte nicht unter 10 Minuten liegen, nur so wird ein Pastateig schön gleichmäßig glatt und alle Zutaten können sich optimal miteinander verbinden.

Anschließend lässt man den Nudelteig für 30 Minuten in Klarsichtfolie eingeschlagen bei Zimmertemperatur ruhen. Dabei kann sich das Gluten im Teig optimal entspannen, die Nudeln lassen sich schön formen und der Teig zieht sich nicht zusammen.

Für gleichmäßig geformte Nudeln eignet sich am besten eine Nudelmaschine, natürlich geht es auch mit einem Rollholz und etwas handwerklichem Geschick.

Beim Garen der Pasta sollte auf einen ausreichend großen Topf geachtet werden. Man rechnet auf 100 g Nudeln 1 l Wasser und 10 g Salz. Bei großen Mengen zu kochender Pasta kann man auch gerne einen Schuss Öl ins Wasser geben, um das Aneinanderkleben zu verhindern.

Nun die Nudeln schön bissfest bzw. al dente garen. Beim Abgießen nicht mit kaltem Wasser abschrecken! Die Nudeln garen im Innern ohnehin weiter und können unabgeschreckt auch besser eine tolle Pasta-Sauce aufnehmen.

Mein letzter Tipp für Sie daheim: Probieren Sie doch mal einen bunten Nudelteig aus! Zum Färben eignen sich Tomatenmark für einen roten Teig, Sepiatinte für einen schwarzen Teig oder Spinat für einen grünen Pastateig. Die Ergebnisse werden köstlich sein, versprochen!

Buon appetito!

K

KARTOFFELN

Die Kartoffel ist eins der vielseitigsten Lebensmittel. Es gibt nicht nur zahlreiche Sorten mit so wunderschönen Namen wie »Bamberger Hörnchen«, »Rote Emmalie« oder »Blaue Anneliese«, sondern auch der Verwendung sind keine Grenzen gesetzt. Ob püriert, gebacken, frittiert, gebraten, gekocht, gerieben, gestampft oder zerdrückt – die Kartoffel schmeckt vorzüglich und ist aus der Küche nicht wegzudenken.

Es gab sogar mal einen Streit um die Kartoffel, weil eine der wohl bekanntesten Züchtungen, die »Linda-Kartoffel«, vom Markt verschwinden sollte. Viele Liebhaber der »Linda« gingen deshalb auf die Barrikaden und sorgten so dafür, dass es diese würzige und gelbfleischige Sorte auch heute noch zu kaufen gibt.

Wenn Sie auch so gern Kartoffeln essen, werden die folgenden Rezepte sicher Ihren Speiseplan bereichern.

KARTOFFEL-MEERRETTICH-REIBEKUCHEN MIT LACHSTATAR & DILLCREME

FÜR 2 PERSONEN

REIBEKUCHEN

375 g Kartoffeln
1 kleine Zwiebel
30 g frischer Meerrettich
1 Ei
150 g Butterschmalz
Salz, Muskatnuss, Pfeffer

LACHSTATAR

220 g Lachsfilet
1 Schalotte
1 EL Zitronenöl
1 Bio-Zitrone
Salz, Pfeffer

DILLCREME

1/2 Bund Dill
100 g Crème fraîche
Salz, Pfeffer

1 Für die Reibekuchen die Kartoffeln und die Zwiebel schälen und in eine Schüssel fein reiben. Den Meerrettich ebenfalls schälen und in eine zweite Schüssel fein reiben.

2 Die Hälfte des geriebenen Meerrettichs und das Ei zu den Kartoffeln geben und mit Salz, Muskat und Pfeffer würzen. Die zweite Hälfte des geriebenen Meerrettichs aufbewahren.

3 Die Reibekuchenmasse in einem Sieb etwas ausdrücken, damit sie nicht zu flüssig ist. Das Butterschmalz in einer Pfanne erhitzen und darin runde Reibekuchen beidseitig goldbraun braten. Anschließend die Reibekuchen auf einem Küchenkrepp abtropfen lassen.

4 Für das Lachstatar das Lachsfilet zuerst in Scheiben, dann in Streifen und anschließend in feine Würfel schneiden. Die Schalotte schälen und fein würfeln.

5 Die Schalottenwürfel kurz in kochendem Wasser blanchieren und in einem Sieb abtropfen lassen. Die blanchierten Schalottenwürfel zusammen mit Zitronenöl sowie etwas Saft und abgeriebener Schale der Bio-Zitrone zum Lachstatar geben. Mit Salz und Pfeffer abschmecken.

6 Für die Dillcreme die Dillspitzen von den Stielen zupfen. Zwei Dillspitzen als Garnitur zur Seite stellen. Den restlichen Dill ganz fein schneiden und mit der Crème fraîche verrühren. Mit Salz und Pfeffer abschmecken.

7 Die heißen Kartoffel-Meerrettich-Reibekuchen auf Teller legen und das Lachstatar mit Hilfe eines Rings darauf anrichten. Den Ring entfernen und die Dillcreme auf das Lachstatar geben. Mit Dillspitzen garnieren und mit dem restlichen Meerrettich bestreuen.

KARTOFFEL-KABELJAU-KROKETTEN MIT LIMETTENSAUERRAHM

FÜR 2 PERSONEN

KROKETTEN

250 g Kabeljaufilet
350 g mehlig kochende Kartoffeln
1 kleine Zwiebel
1 Ei
3 EL Semmelbrösel
1/2 Bund Schnittlauch
1,5 l Pflanzenöl
Salz, Pfeffer

LIMETTENSAUERRAHM

100 g Sauerrahm
1 Limette
Salz, Pfeffer

1 Für die Kartoffel-Kabeljau-Kroketten einen kleinen Topf mit Salzwasser zum Kochen bringen. Das Kabeljaufilet hineinlegen und bei milder Hitze 10 Minuten ziehen lassen. Den gegarten Kabeljau herausnehmen und auf Küchenkrepp abtropfen und abkühlen lassen.

2 Die Kartoffeln mit Schale in Salzwasser garkochen und anschließend pellen. Die heißen Kartoffeln durch die Kartoffelpresse in eine Schüssel drücken und 200 g abwiegen.

3 Das erkaltete Kabeljaufilet fein zupfen und zu den durchgepressten Kartoffeln geben.

4 Die Zwiebel schälen und fein würfeln. Die Zwiebelwürfel, das Ei und die Semmelbrösel zu den Kartoffeln geben und alles gut miteinander vermengen. Den Schnittlauch in feine Röllchen schneiden und 1 EL Schnittlauchröllchen dazugeben. Mit Salz und Pfeffer abschmecken und die Kartoffelmasse für 30 Minuten ziehen lassen.

5 Das Pflanzenöl in einem Topf oder in der Fritteuse auf 170 °C erhitzen. Mit einem Esslöffel Nocken von der Kartoffelmasse abstechen und im heißen Öl zu goldbraunen Kroketten ausbacken. Anschließend die Kroketten kurz auf Küchenkrepp abtropfen lassen.

6 Für den Limettensauerrahm den Sauerrahm mit abgeriebener Schale und dem Saft einer Limette verrühren. Mit Salz und Pfeffer abschmecken.

7 Die Kroketten in Schüsseln anrichten und zusammen mit dem Limettensauerrahm servieren.

TIPP: DIESES REZEPT LÄSST SICH AUCH MIT JEDEM ANDEREN WEISSFLEISCHIGEN FISCH ZUBEREITEN. DESHALB IST ES EIN WUNDERBARES GERICHT, UM RESTE ZU VERARBEITEN.

LAMMRÜCKEN IM KARTOFFELMANTEL MIT BALSAMICO-SCHALOTTEN & GRÜNEN BOHNENKERNEN

FÜR 2 PERSONEN

LAMMRÜCKEN IM KARTOFFEL-MANTEL

2 Stück Lammrücken à 150 g
500 g große festkochende Kartoffeln
60 g Butterschmalz
2 Thymianzweige
40 g feines Paniermehl
Salz, Pfeffer

BALSAMICO-SCHALOTTEN

12 Schalotten
2 EL Olivenöl
25 g Zucker
60 ml Balsamico
200 ml dunkler Lammfond
2 Lorbeerblätter
2 Thymianzweige
1 TL Speisestärke
30 g Butter
Salz, Pfeffer

BOHNENKERNE

200 g Saubohnenkerne
1 EL Butter
2 Zweige Bohnenkraut
Salz, Pfeffer, grobes Meersalz

1 Die beiden Stücke Lammrücken von Fett und Sehnen befreien. Die Kartoffeln schälen und auf einer Reibe in lange und etwas dickere Streifen raspeln.

2 In einer beschichteten Pfanne die Hälfte der Kartoffelstreifen wie einen Rösti in 30 g Butterschmalz auf einer Seite ca. 5 Minuten goldbraun und knusprig braten. Mit Salz und Pfeffer würzen. Den Rösti mit der gebratenen Seite auf ein Küchentuch legen und das Fett abtropfen lassen. Nochmal 30 g Butterschmalz in die Pfanne geben und den zweiten Rösti auf die gleiche Weise zubereiten.

3 Die Thymianblätter von den Zweigen zupfen und über die Rösti geben. Die Lammrücken mit Salz und Pfeffer würzen und rundherum mit dem Paniermehl bestreuen.

4 Die Lammrückenfilets mittig auf die Rösti legen und mit Hilfe eines Küchentuchs zu Päckchen einrollen. Auf ein Gitter umsetzen und bei 200 °C, je nach Dicke, 8 bis 12 Minuten im Umluftofen zartrosa garen. Danach locker mit Alufolie abdecken und für 4 Minuten an einem warmen Ort ruhen lassen.

5 Für die Balsamico-Schalotten die Schalotten schälen und in einem kleinen Stieltopf in Olivenöl braun anbraten. Den Zucker zugeben und die Schalotten leicht karamellisieren lassen. Mit Balsamico ablöschen und mit Lammfond auffüllen.

6 Die Lorbeerblätter und die Thymianzweige zugeben und die Schalotten bei milder Hitze 30 Minuten weichschmoren. Mit Salz und Pfeffer abschmecken und die Sauce mit etwas Speisestärke binden. Die Lorbeerblätter und Thymianzweige aus der Sauce herausnehmen und die Butter in Flöckchen einrühren.

7 Die Saubohnenkerne in kochendem Wasser ca. 4-5 Minuten garen und anschließend kalt abschrecken. Die milchig-weiße Haut der Bohnenkerne entfernen und die grünen Bohnenkerne in etwas Butter in einem kleinen Topf erhitzen. Die Bohnenkrautblätter von den Zweigen zupfen und zugeben. Mit Salz und Pfeffer abschmecken.

8 Die Balsamico-Schalotten mit etwas Sauce auf die Teller verteilen. Den Lammrücken im Kartoffelmantel mit einem scharfen Messer aufschneiden und mit den grünen Bohnenkernen anrichten. Mit etwas grobem Meersalz bestreuen.

R

RIND

Rindfleisch gehört für mich zu einer ausgewogenen Ernährung dazu. Deshalb darf es gerne ein- bis zweimal in der Woche ein Rindfleischgericht sein. Dabei achte ich natürlich sehr auf die Qualität und darauf, wo und wie das Rind gehalten wurde.

Heimisches Rindfleisch steht für mich an oberster Stelle. Gut gereift und fein marmoriert ist es ein Highlight für jeden Grillabend. Aber auch als zarter Tafelspitz oder schöner Sonntagsbraten ist es sehr beliebt.

Gerade beim Schmoren eines Bratens oder eines Rindergulaschs zeigt sich die Handwerkskunst des Kochs, denn Schmoren will gelernt und geübt sein. Das Fleisch muss saftig und gleichzeitig schön mürbe sein und die Sauce sollte alles umschmeicheln. Mein persönliches Lieblingsschmorgericht ist das Boeuf bourguignon auf Seite 145.

BULGOGI MIT PAK CHOI & SÜSSSAUREM RETTICHSALAT

FÜR 2 PERSONEN

BULGOGI

4 Knoblauchzehen
1 Zwiebel
1 Apfel Sorte Pink Lady
40 ml Sojasauce
50 g Zucker
15 ml Sesamöl
400 g Hüftsteak
2 EL Pflanzenöl
1 TL heller Sesam
Salz, Pfeffer

PAK CHOI

4 kleine Pak Choi
4 EL Sesamöl
Salz, Pfeffer

RETTICHSALAT

250 g weißer Rettich
1/2 Bund Frühlingslauch
1 Peperoni
4 EL Sesamöl
4 EL Reisessig
2 EL Zucker
Salz, Pfeffer

1 Für das Bulgogi wird zunächst die Marinade für das Rindfleisch zubereitet. Dazu die Knoblauchzehen und die Zwiebel schälen und grob zerkleinern. Den Apfel schälen, vierteln, entkernen und in Stücke schneiden.

2 Knoblauch-, Zwiebel- und Apfelstücke in ein hohes Behältnis geben und zusammen mit Sojasauce, Zucker, Sesamöl und 50 ml Wasser mit einem Pürierstab mixen.

3 Das Hüftsteak in 0,5 cm dünne Scheiben schneiden und über Nacht in einer Schüssel in der Marinade ziehen lassen.

4 Das Pflanzenöl in einer Pfanne erhitzen und die marinierten Steakstreifen darin ca. 5 Minuten braten. Mit Salz und Pfeffer würzen. Den Sesam separat in einer Pfanne ohne Fett rösten und über das Bulgogi verteilen.

5 Den Pak Choi halbieren und in einer Pfanne in Sesamöl bei mäßiger Temperatur von beiden Seiten braten. Mit Salz und Pfeffer würzen.

6 Den weißen Rettich schälen und in dünne Scheiben hobeln. Den Frühlingslauch und die Peperoni waschen, abtropfen lassen und in Scheiben schneiden. Aus Sesamöl, Reisessig, Zucker, Salz und Pfeffer eine süßsaure Marinade herstellen. Die Rettich-, Frühlingslauch- und Peperonischeiben damit marinieren.

7 Das heiße Bulgogi zusammen mit dem Pak Choi und dem süßsauren Rettichsalat auf Tellern servieren.

BBQ-BURGER

FÜR 2 PERSONEN

BURGER-BUNS
210 ml Milch
370 g Mehl
18 g Frischhefe
30 g Zucker
9 g Salz
1 Eigelb
2 Eier
80 g Butter
2 TL heller Sesam

BBQ-SAUCE
2 Schalotten
2 Knoblauchzehen
1 EL Pflanzenöl
125 ml Orangensaft
190 g Ketchup
30 ml Zitronensaft
30 ml Rotweinessig
1 EL geräuchertes Paprikapulver
2 EL Honig
20 g brauner Zucker
1 EL Worcestersauce
1 EL Sushi-Ingwer
1 TL Senfkörner
1 TL Paprikapulver edelsüß
1 TL Korianderpulver
3 Spritzer Tabasco

BURGER
400 g Rinderhackfleisch
10 EL Pflanzenöl
100 g Baconscheiben
1 rote Zwiebel
2 Eier
20 g Rucolasalat
Salz, Pfeffer

1 Für die Burger-Buns 30 ml Wasser mit 60 ml Milch und 20 g Mehl in einem Topf unter Rühren erhitzen, bis alles bindet.

2 120 ml Milch auf 30 °C erwärmen und die Hefe darin auflösen. Die restlichen 350 g Mehl mit dem Zucker und dem Salz in die Rührschüssel einer elektrischen Küchenmaschine geben.

3 Die aufgelöste Hefe, die gebundene Milch-Mehl-Masse, das Eigelb und ein Ei hinzufügen und alles verkneten. Nach 5 Minuten 50 g weiche Butter hinzufügen und weitere 10 Minuten kneten. Anschließend abgedeckt 1 Stunde an einem warmen Ort gehen lassen.

4 Den Teig auf einer bemehlten Arbeitsfläche in sieben gleich große Portionen teilen und diese zu runden Bällchen formen. Die Teigbällchen mit Abstand auf ein Backblech mit Backpapier setzen.

5 Die Buns mit einem zweiten Backblech abdecken und nochmals 1 Stunde an einem warmen Ort gehen lassen, bis sich ihre Größe verdoppelt hat.

6 Ein Ei mit 30 ml Milch verrühren, die Buns damit einpinseln und den hellen Sesam draufstreuen. Dann die Buns im Ofen bei 190 °C Ober- und Unterhitze ca. 15 Minuten backen. Die restlichen 30 g Butter zerlassen und die gebackenen Buns damit bepinseln.

7 Für die BBQ-Sauce die Schalotten und die Knoblauchzehen schälen, fein würfeln und in einem Topf in Pflanzenöl anschwitzen. Mit Orangensaft, Ketchup, Zitronensaft und Rotweinessig auffüllen.

8 Geräuchertes Paprikapulver, Honig, Zucker und die Worcestersauce zugeben. Den Sushi-Ingwer fein hacken und die Senfkörner leicht zerdrücken. Beides zusammen mit Paprikapulver, Korianderpulver und Tabasco zur BBQ-Sauce geben und alles aufkochen lassen.

9 Die Sauce bei geringer Temperatur 15 Minuten köcheln lassen, bis sie die gewünschte dickflüssige Konsistenz hat.

10 Für die Burger das Rinderhack zu zwei runden Burgerpattys formen und diese mit Salz und Pfeffer würzen. 4 EL Pflanzenöl in einer Pfanne erhitzen und die Hackfleischpattys auf beiden Seiten darin braten.

weiter auf der nächsten Seite ▶

11 Die Baconscheiben in 2 EL ÖL in einer Pfanne knusprig braten. Die rote Zwiebel schälen, in Scheiben schneiden und die einzelnen Zwiebelringe in 2 EL ÖL in einer Pfanne hellbraun rösten.
Die Eier in einer Pfanne in 2 EL Öl beidseitig zu Spiegeleiern braten.

12 Den Rucolasalat waschen und trockenschleudern. Die Buns aufschneiden und auf den Schnittflächen in einer Pfanne ohne Fett kurz rösten.

13 Die untere Bun-Hälfte mit etwas BBQ-Sauce bestreichen und mit Rucola belegen. Ein Burgerpatty aufsetzen und mit BBQ-Sauce bestreichen. Dann ein Spiegelei drauflegen, gefolgt von einigen Baconscheiben und gerösteten Zwiebelringen. Auf die Zwiebelringe wieder BBQ-Sauce träufeln und mit der oberen Bun-Hälfte abschließen.

TIPP: DAS REZEPT ERGIBT MEHRERE BUNS, DIE MAN GUT EINFRIEREN KANN.

BOEUF BOURGUIGNON MIT SELLERIEPÜREE, ZWIEBELCHEN & CHAMPIGNONS

FÜR 2 PERSONEN

BOEUF BOURGUIGNON

600 g Rinderschulter
3 Zwiebeln
10 zerdrückte Pfefferkörner
375 ml Rotwein
100 g Speckscheiben
4 EL Pflanzenöl
30 g Tomatenmark
1 EL Mehl
350 ml Rinderbrühe
2 Zweige Petersilie
2 Lorbeerblätter
Salz, Pfeffer

SELLERIEPÜREE

1/2 Sellerieknolle
100 ml Sahne
20 g Butter
Salz, Pfeffer

ZWIEBELCHEN & CHAMPIGNONS

100 g kleine Perlzwiebeln
20 g Butterschmalz
100 g Champignons
Salz, Pfeffer

1 Für das Boeuf bourguignon die Rinderschulter in 5 cm große Stücke schneiden und in eine Schüssel geben. Eine Zwiebel schälen und in Streifen schneiden. Die Zwiebelstreifen zusammen mit den zerdrückten Pfefferkörnern und dem Rotwein zum Fleisch geben. Die Schüssel abgedeckt für 12 Stunden in den Kühlschrank stellen.

2 Danach die Marinade durch ein Sieb gießen und auffangen. Die Schulterstücke von den Pfefferkörnern und den Zwiebelstreifen befreien und auf Küchenkrepp trockentupfen.

3 Die beiden restlichen Zwiebeln schälen und in Würfel schneiden. Die Speckscheiben in Streifen schneiden. 2 EL Pflanzenöl in einem Schmortopf erhitzen, Zwiebeln und Speck darin leicht bräunen und beides wieder aus dem Schmortopf herausnehmen.

4 2 EL Pflanzenöl im Schmortopf erhitzen und die Schulterstücke von allen Seiten anbraten. Zwiebeln und Speck wieder dazugeben. Das Tomatenmark hinzufügen und anschließend alles mit Mehl bestäuben und anschwitzen. Die aufgefangene Marinade sowie die Rinderbrühe zugeben und aufkochen lassen.

5 Die Petersilie waschen und nur die Stiele zusammen mit den Lorbeerblättern zum Fleisch geben. Die Petersilienblätter fein schneiden und aufbewahren.

6 Das Boeuf bourguignon mit einem Deckel abdecken und bei mäßiger Hitze 2 Stunden mürbe schmoren. Danach sollte das Fleisch schön zart sein. Das Fleisch aus der Sauce nehmen und die Sauce bis zur gewünschten Konsistenz reduzieren. Die Lorbeerblätter und Petersilienstiele entfernen.

7 Für das Selleriepüree die Schale der Sellerieknolle abschneiden und den weißen Sellerie in große Würfel schneiden. 400 g abwiegen und in einem Topf in Salzwasser in etwa 25 Minuten weichkochen. Das Kochwasser abgießen, die Sahne zugeben und den Sellerie nochmals 5 Minuten köcheln lassen.

8 Nun die Butter zugeben und den Sellerie anschließend fein pürieren. Mit Salz und Pfeffer abschmecken.

9 Die Perlzwiebeln schälen, kurz in Salzwasser blanchieren und abtropfen lassen. Die Butter in einer Pfanne erhitzen und die Perlzwiebeln und die ganzen Champignons zugeben. Alles langsam bräunen lassen und mit Salz und Pfeffer würzen.

10 Das Boeuf bourguignon auf Tellern anrichten und mit der geschnittenen Petersilie bestreuen. Die Zwiebelchen und Champignons darauf verteilen und das Selleriepüree daneben anrichten.

A

ÄPFEL

Waren Sie schon mal zur Apfelblüte im Alten Land vor den Toren Hamburgs? Von Ende April bis Anfang Mai erstrahlt dort die Landschaft in einem wunderschönen Weiß. Wir fahren zu dieser Zeit gerne mit dem Rad von Jork bis Stade und können uns nicht sattsehen an der Schönheit der Natur. Der Duft der blühenden Apfelbäume kündigt die ersten Früchte an, die bis zu ihrer Ernte die volle Süße und Knackigkeit erreichen.

In meiner Kindheit im Ruhrgebiet gab es des Öfteren Reibekuchen und dazu ein frisch zubereitetes und noch lauwarmes Apfelkompott. Tante Berta machte es immer aus Boskop-Äpfeln. Dies war wichtig, bildeten sie doch ein schönes Säurespiel gegenüber dem beigefügten Zuckeranteil im Kompott. Und natürlich gab es auch Apfelpfannkuchen. Dafür nahm meine Tante gerne die Sorte Cox Orange.

Auf den kommenden Seiten präsentiere ich Ihnen meine schönsten Apfelrezepte und empfehle Ihnen bei jedem auch gleich die passende Apfelsorte.

BIRCHER MÜSLI

FÜR 2 PERSONEN

25 g feine Haferflocken
25 g kernige Haferflocken
100 ml Milch
250 g griechischer Joghurt
25 g geschälte Haselnüsse
25 g Rosinen
30 g Akazienhonig
1 Apfel Sorte Pink Lady
40 ml Sahne

1 Für das Bircher Müsli beide Sorten Haferflocken mit der Milch und dem Joghurt verrühren und 30 Minuten ziehen lassen.

2 Die Haselnüsse auf einem Backblech im 180 °C heißen Umluftofen 13 Minuten rösten und anschließend hacken. Die gehackten Nüsse zusammen mit den Rosinen und dem Akazienhonig zum Müsli geben.

3 Den Apfel waschen und auf einer Reibe mit grober Seite reiben. Die geriebenen Apfelstreifen zum Müsli geben und alles locker miteinander vermischen.

4 Die Sahne mit einem Handrührgerät steif schlagen und unter das Bircher Müsli heben.

TIPP: SIE KÖNNEN DAS BIRCHER MÜSLI BIS AUF DEN GERIEBENEN APFEL UND DIE GESCHLAGENE SAHNE AUCH SCHON AM VORABEND ZUBEREITEN UND ÜBER NACHT IM KÜHLSCHRANK AUFBEWAHREN.

APFELKRAPFEN MIT VANILLESAUCE

FÜR 2 PERSONEN

APFELKRAPFEN

150 ml Milch
15 g Hefe
300 g Mehl Type 405
80 g Zucker
1 TL Vanillezucker
Salz
1 Ei
60 g weiche Butter
2 Äpfel der Sorte Braeburn
1,5 l Pflanzenöl
1/2 TL Zimt

VANILLESAUCE

125 ml Milch
125 ml Sahne
1 Vanilleschote
4 Eigelb
50 g Zucker

1 Für die Apfelkrapfen zunächst die Milch in einem Topf lauwarm erwärmen und die Hefe darin auflösen.

2 Das Mehl, 40 g Zucker, den Vanillezucker und eine Prise Salz in eine Rührschüssel geben. Die Hefemilch, das Ei und die weiche Butter hinzufügen und alles mit den Knethaken des Rührgeräts 3 Minuten zu einem geschmeidigen Teig verkneten.

3 Die Äpfel schälen, vierteln, entkernen und in kleine Würfel schneiden. 150 g Apfelwürfel abwiegen und zum Hefeteig geben. Alles nochmal 2 Minuten kneten und dann den Teig abgedeckt 1 Stunde an einem warmen Ort gehen lassen.

4 Danach den Teig einmal kurz durchrühren. Das Pflanzenöl in einem Topf oder in der Fritteuse auf 160 °C erhitzen. Vom Hefeteig mit zwei Esslöffeln Nocken abstechen und vorsichtig im heißen Fett ausbacken. Die fertigen Apfelkrapfen herausnehmen und auf Küchenkrepp abtropfen lassen. Den restlichen Zucker mit dem Zimt mischen und die Krapfen darin wenden.

5 Für die Vanillesauce die Milch zusammen mit der Sahne in einen kleinen Topf geben. Die Vanilleschote aufschneiden und das Mark herauskratzen. Die aufgeschnittene Schote und das Vanillemark zur Milchgeben und alles zum Kochen bringen.

6 Die Eigelbe mit dem Zucker in einem Aufschlagkessel gut verrühren. Anschließend nach und nach die heiße Vanillemilch unter Rühren dazugeben.

7 Über einem kochenden Wasserbad die Vanillesauce unter ständigem Rühren so lange erhitzen, bis sie bindet und schön cremig wird.

8 Die gezuckerten Apfelkrapfen in Tellern anrichten und die Vanillesauce am Rand angießen.

REHRÜCKEN MIT APFEL-ROTWEIN-KOMPOTT & ROSENKOHL

FÜR 2 PERSONEN

APFEL-ROTWEIN-KOMPOTT

2 Äpfel Sorte Granny Smith
125 ml roter Portwein
125 ml Rotwein
1/2 Zimtstange
2 Nelken
30 g Zucker
1 Bio-Orange

ROSENKOHL

300 g Rosenkohl
2 Schalotten
50 g Speckscheiben
50 g Butter
150 ml Sahne
50 g Spinat
1 EL Butter
Salz, Puffer, Muskatnuss

REHRÜCKEN

300 g Rehrückenfilet
6 Wacholderbeeren
6 schwarze Pfefferkörner
40 ml Pflanzenöl
100 ml dunkle Wildsauce
Salz, grobes Meersalz

1 Die Äpfel schälen, vierteln, entkernen und in grobe Stücke schneiden. 225 g Apfelstücke abwiegen und zusammen mit dem roten Portwein und dem Rotwein in einem Topf zum Kochen bringen.

2 Zimtstange, Nelken und Zucker zufügen. Die Schale einer halben Bio-Orange dünn abschneiden und zusammen mit dem ausgepressten Saft der ganzen Orange hinzugeben. Alles zusammen so lange kochen, bis die ganze Flüssigkeit verdampft ist und die Äpfel weich sind.

3 Die Zimtstange, die Nelken und die Orangenschale entfernen und das Apfel-Rotwein-Kompott mit einem Mixstab fein pürieren.

4 Für den Rosenkohl die Röschen waschen und den Strunk abschneiden. Die äußeren dunklen Blätter entfernen. 50 g hellgrüne, ganze Blätter abnehmen und beiseitestellen.

5 Die Schalotten schälen und in Scheiben schneiden. Die Speckscheiben fein würfeln. 30 g Butter in einem Topf schmelzen lassen und die Schalottenscheiben und die Speckwürfel darin ohne Farbe anschwitzen.

6 Den Rosenkohl zugeben und mit der Sahne und etwa 100 ml Wasser auffüllen. Den Rosenkohl mit Salz, Pfeffer und etwas geriebener Muskatnuss würzen und ca. 10 Minuten kochen, bis er weich ist.

7 Den Spinat waschen und 20 Sekunden mit dem Rosenkohl zusammen kochen. Rosenkohl und Spinat abgießen und in einen Mixer geben. 20 g Butter hinzufügen und alles zu einem feinen Püree verarbeiten.

8 Die zurückbehaltenen Rosenkohlblätter in kochendem Salzwasser kurz blanchieren und anschließend in einem Topf in 1 EL heißer Butter schwenken. Mit Salz und Pfeffer würzen.

9 Für den Rehrücken das Filet von Haut und Sehnen befreien und salzen. Die Wacholderbeeren und Pfefferkörner in einem Mörser fein zerstoßen. Das Rehrückenfilet damit bestreuen und die Gewürze fest andrücken.

10 Das Pflanzenöl in einer Pfanne erhitzen. Das Fleisch hineinlegen und von allen Seiten anbraten. Im 160 °C heißen Umluftofen das Rehrückenfilet anschließend 8-10 Minuten rosa garen. Danach in Alufolie gerollt kurz ruhen lassen.

11 Die dunkle Wildsauce in einem Topf erwärmen. Das Rehrückenfilet aufschneiden und mit etwas grobem Meersalz bestreuen. Das Filet zusammen mit dem Rosenkohlpüree und den Rosenkohlblättern auf Tellern anrichten. Die heiße Wildsauce angießen und das warme Apfel-Rotwein-Kompott dazu reichen.

N

NÜSSE

Nüsse sind ein echtes Powerfood und perfekt geeignet für eine gesunde Ernährung: Neben einem hohen Anteil an ungesättigten Fettsäuren liefern Nüsse viel Vitamin B und E sowie eine große Anzahl an Mineralstoffen. Darunter sind Kalzium, Phosphor, Eisen, Magnesium, Kalium und Zink.

Ich verwende Nüsse am liebsten in Verbindung mit Salaten, zum Backen oder als knuspriges Topping für einen Obstsalat. Übrigens finden Sie auf den nächsten Seiten ein altes Familienrezept, das ich zu besonderen Anlässen immer wieder gerne zubereite: die Haselnuss-Preiselbeer-Torte. Es gibt nichts Besseres zum Nachmittagskaffee.

GEGRILLTER SPARGEL MIT NUSSSALAT & HONIGVINAIGRETTE

FÜR 2 PERSONEN

GEGRILLTER SPARGEL

750 g Spargel
3 EL Pflanzenöl
Salz, Zucker

NUSSSALAT

1 kleiner Friséesalat
3 Stängel Basilikum
3 Stängel Kerbel
20 g rote Sprossen
1 Schale Gartenkresse
100 g gemischte Nusskerne
1 EL Walnussöl
Salz

HONIGVINAIGRETTE

3 TL Blütenhonig
2 TL milder Senf
4 EL Apfel-Balsamicoessig
5 EL Walnussöl
Salz, Pfeffer

1 Die Spargelstangen schälen und die unteren Enden abschneiden. Den Spargel in kochendem Salzwasser mit einer Prise Zucker, je nach Dicke der Stangen, 10-12 Minuten leicht bissfest garen.

2 Anschließend den Spargel aus dem Kochwasser nehmen, abtropfen lassen und mit dem Pflanzenöl vermischen. Die Spargelstangen in einer heißen Grillpfanne oder auf dem Holzkohlegrill von allen Seiten kurz grillen, damit er schöne Röststoffe bekommt und leicht nussig schmeckt. Anschließend mit etwas Salz nochmal nachwürzen.

3 Für den Nusssalat den Frisée waschen, trockenschleudern und die gelben Spitzen in eine Schüssel zupfen. Die Kräuter waschen, abtropfen lassen und die Kräuterblätter von den Stängeln zupfen. Die Gartenkresse abschneiden und zusammen mit den Sprossen und Kräuterblättern zu den Friséespitzen geben.

4 Die gemischten Nusskerne in einer Pfanne in heißem Walnussöl anrösten und dann erkalten lassen. Die gerösteten Kerne leicht salzen.

5 Für die Honigvinaigrette den Honig mit Senf, Apfel-Balsamicoessig und Walnussöl verrühren und mit Salz und Pfeffer abschmecken.

6 Den gegrillten Spargel auf die Teller legen. Den Salat mit der Honigvinaigrette marinieren und auf dem Spargel anrichten. Die gerösteten Nüsse über Spargel und Salat streuen und um alles etwas Honigvinaigrette träufeln.

WALDORFSALAT MIT SÜSSKARTOFFELRÖSTI & KARAMELLISIERTEN WALNÜSSEN

FÜR 2 PERSONEN

WALDORFSALAT

80 g Mayonnaise
50 g saure Sahne
10 g Blütenhonig
2 EL Walnussöl
1 Bio-Orange
1 kleiner Staudensellerie
3 Äpfel Sorte Granny Smith
25 g Walnüsse
Cayennepfeffer
1/2 Zitrone
Salz

SÜSSKARTOFFELRÖSTI

400 g Süßkartoffeln
200 g Kartoffeln
1 EL Kartoffelstärke
40 g Butterschmalz
Salz, Pfeffer, Muskatnuss

KARAMELLISIERTE WALNÜSSE

30 g Walnüsse
20 g Zucker

1 Für den Waldorfsalat die Mayonnaise in eine Schüssel geben und mit der sauren Sahne, dem Honig und dem Walnussöl verrühren. Die Schale einer Bio-Orange fein abreiben. Die Orange halbieren und auspressen und den Abrieb sowie den Saft zur Mayonnaise geben.

2 6 Stangen vom Staudensellerie in Scheiben schneiden. Die inneren gelben Sellerieblätter abzupfen und zur Seite stellen. Die Staudenselleriescheiben in kochendem Salzwasser leicht bissfest garen und anschließend in kaltem Wasser abschrecken. Die Scheiben in einem Sieb gut abtropfen lassen und zur Mayonnaise geben.

3 Alle Äpfel waschen. 2 Äpfel auf einer Reibe grob raspeln. Die Apfelraspel auf ein Geschirrhandtuch geben, gut ausdrücken und zur Mayonnaise hinzufügen.

4 Die Walnüsse grob hacken und ebenfalls zur Mayonnaise geben. Alles vermischen und mit etwas Cayennepfeffer und Salz abschmecken.

5 Vom dritten Apfel das Kerngehäuse ausstechen. Den Apfel in dünne Scheiben schneiden, mit etwas Zitronensaft beträufeln und aufbewahren.

6 Für die Süßkartoffelrösti beide Kartoffelsorten schälen und auf einer Reibe grob raspeln. Die Kartoffelmasse leicht salzen und für 10 Minuten Wasser ziehen lassen. Anschließend gut ausdrücken. Die Kartoffelstärke dazugeben und die Kartoffelmasse mit Pfeffer und Muskatnuss würzen.

7 In einer kleinen gusseisernen oder beschichteten Pfanne 20 g Butterschmalz erhitzen und die Hälfte der Kartoffelmasse darin gleichmäßig verteilen. Mit einer Palette einen Rösti formen und schön knusprig braten. Wenden und die andere Seite ebenfalls braten. Auf Küchenkrepp abtropfen lassen und warmstellen. Anschließend den zweiten Süßkartoffelrösti genauso braten.

8 Die Walnüsse mit dem Zucker und 20 ml Wasser in einer beschichteten Pfanne zum Kochen bringen. Die Pfanne dabei ständig vorsichtig schwenken, bis das Wasser verdampft ist und der Zucker eine goldgelbe Farbe angenommen hat.

9 Die karamellisierten Walnüsse auf ein Stück Backpapier geben, dabei aufpassen, dass sie nicht aneinanderkleben. Die Nüsse erkalten lassen und grob hacken.

10 Die Süßkartoffelrösti auf die Teller legen und den Waldorfsalat darauf anrichten. Mit den aufbewahrten Apfelscheiben und Staudensellerieblättern garnieren. Die karamellisierten Walnüsse über den Waldorfsalat streuen.

HASELNUSS-PREISELBEER-TORTE

FÜR 2 PERSONEN

125 g Butter
200 g Zucker
4 Eier
200 g gemahlene Haselnüsse
1 1/2 EL Kakaopulver
1 TL Backpulver
220 g Preiselbeermarmelade
300 ml Sahne
1 Pck. Sahnesteif
1 EL Vanillezucker
100 g Zartbitterschokolade
20 g Haselnussscheiben
1 TL Preiselbeeren
etwas Butter und Mehl für die Form

1 Die zimmerwarme Butter mit dem Zucker in einer Rührmaschine oder mit dem Handrührer schaumig rühren. Nach und nach die Eier zugeben und im Anschluss die gemahlenen Haselnüsse hinzufügen. Zuletzt den Kakao und das Backpulver unterrühren.

2 Eine Springform mit 24 cm Durchmesser mit etwas Butter einpinseln und mit Mehl bestäuben. Den Teig einfüllen und im vorgeheizten Backofen bei 170 °C Ober- und Unterhitze etwa 40 Minuten backen.

3 Danach die Springform aus dem Ofen holen, den Haselnussboden vollständig erkalten lassen und aus der Form lösen. Den Haselnussboden mit der Preiselbeermarmelade bestreichen.

4 Die Sahne mit Sahnesteif und Vanillezucker aufschlagen. Die Zartbitterschokolade auf einer Reibe fein reiben. 3 EL von der geriebenen Schokolade abnehmen und unter die geschlagene Sahne heben.

5 Die Schokoladensahne wellenförmig auf den Nussboden mit der Preiselbeermarmelade streichen und mit der restlichen geriebenen Schokolade bestreuen.

6 Die Haselnussscheiben in einer Pfanne ohne Fett rösten und abkühlen lassen. Anschließend auf der Torte verteilen und mit einigen Preiselbeeren garnieren.

K

KÄSE

Wenn ich überlege, was große Vielfalt für mich bedeutet, denke ich automatisch an eine reich bestückte Käsetheke auf dem Wochen- oder im Supermarkt. Es gibt eine schier endlose Palette an unterschiedlichen Käsesorten mit verschiedenen Reifegraden und Verwendungsmöglichkeiten.

Für meine Restaurantküche im »Fairmont Hotel Vier Jahreszeiten« in Hamburg beliefert mich mein langjähriger Freund Bernard Antony mit den feinsten französischen Rohmilchkäsen, die der allerhöchste Genuss für meine Gäste sind.

Für mich daheim darf es gerne mal ein norddeutscher Ziegenkäse oder auch ein Schweizer Emmentaler sein. Käse gehört auf jeden Fall bei jedem Einkauf dazu. Überhaupt bin ich der Meinung, dass ein gutes Stück Parmesan als Grundausstattung in jeden Kühlschrank gehört. Gerne ganz einfach gehobelt auf Pasta. Basta!

MOZZARELLA-BRUSCHETTA MIT SCHARFEM TOMATENSALAT

FÜR 2 PERSONEN

MOZZARELLA-BRUSCHETTA

1 kleines Baguette
4 EL Olivenöl
grobes Meersalz
125 g Büffelmozzarella
Salz, etwas grober Pfeffer

TOMATENSALAT

150 g rote Cherrytomaten
150 g gelbe Cherrytomaten
4 EL Olivenöl
3 Schalotten
1 Knoblauchzehe
4 Stängel Basilikum
Cayennepfeffer
Salz

1 Für die Mozzarella-Bruschetta das kleine Baguette in längliche Scheiben schneiden und mit Olivenöl bepinseln. Die Baguettescheiben in einer Grillpfanne auf beiden Seiten rösten und mit Meersalz bestreuen.

2 Den Büffelmozzarella in kleine Stücke zupfen und auf den gerösteten Baguettescheiben verteilen. Mit Salz und grobem Pfeffer würzen.

3 Für den scharfen Tomatensalat die Cherrytomaten waschen. Von den roten Cherrytomaten zwei Stück in Scheiben schneiden.

4 Die restlichen roten und die gelben Cherrytomaten mit 2 EL Olivenöl und etwas Salz mischen und in eine Auflaufform geben. Die Auflaufform für 5 Minuten in den 220 °C heißen Umluftofen geben, so dass die Cherrytomaten durch die Hitze aufplatzen, aber nicht zu weich werden.

5 Die Schalotten schälen und fein würfeln. Die Knoblauchzehe schälen und fein reiben. Das Basilikum waschen, abtropfen lassen und die Blätter von den Stielen zupfen. Die Basilikumspitzen aufbewahren und die restlichen Blätter in Streifen schneiden.

6 Die aufgeplatzten Tomaten in eine Schüssel geben und mit den Schalottenwürfeln, dem Knoblauch, den Basilikumstreifen und 2 EL Olivenöl marinieren. Den Tomatensalat mit Cayennepfeffer und Salz scharf abschmecken und 15 Minuten ziehen lassen.

7 Den scharfen Tomatensalat auf den Mozzarella-Bruschetta verteilen und mit den in Scheiben geschnittenen roten Cherrytomaten und den Basilikumspitzen garnieren.

KÄSESPÄTZLE MIT GESCHMORTEN ZWIEBELN & FELDSALAT

FÜR 2 PERSONEN

KÄSESPÄTZLE
4 Eier
1/2 TL Salz
Muskatnuss
200 g Mehl Type 405
50 g Butter
100 g Bergkäse
100 g Emmentaler

GESCHMORTE ZWIEBELN
4 Zwiebeln
30 g Butterschmalz
Salz, Zucker

FELDSALAT
100 g Feldsalat
4 EL Walnussöl
2 EL weißer Balsamicoessig
1 Bund Radieschen
2 Scheiben Speck
1 EL Pflanzenöl
Salz, Pfeffer

1 Für die Käsespätzle die Eier in eine Schüssel aufschlagen. Salz und geriebene Muskatnuss zugeben. Das Mehl langsam hinzufügen und unterrühren. Den Spätzleteig mit einem Teigschaber oder mit der Hand nun so lange schlagen, bis sich Luftblasen darin bilden und der Teig schön glatt und zäh ist.

2 2 l Wasser mit Salz zum Kochen bringen. Den Spätzleteig entweder auf ein Spätzlebrett streichen und mit einer Palette dünne Spätzle ins kochende Wasser schaben. Oder den Teig in einen Spätzlehobel füllen und durch dessen Löcher ins Kochwasser streichen.

3 Die Butter in einem Topf schmelzen lassen. Sobald die Spätzle im Kochwasser oben schwimmen, kann man sie mit einer Schaumkelle abschöpfen und in die Butter geben. Die Spätzle einmal gut mit der warmen Butter durchschwenken.

4 Bergkäse und Emmentaler auf einer Reibe grob raspeln. Die Hälfte der warmen Spätzle in eine Auflaufform geben und mit der Hälfte des geriebenen Käses bestreuen. Danach die zweite Hälfte Spätzle auftragen und mit dem restlichen Käse bestreuen.

5 Die gefüllte Auflaufform 10 Minuten in den 170 °C heißen Umluftofen stellen, damit der Käse schön schmelzen kann.

6 Die Zwiebeln schälen, in Scheiben schneiden und diese in Ringe teilen. Das Butterschmalz in einer Pfanne erhitzen und die Zwiebelringe in der Butter anbraten. Etwas Salz und eine Prise Zucker zugeben und die Zwiebelringe so lange in der Butter schmoren, bis sie schön braun sind.

7 Den Feldsalat gründlich waschen und trockenschleudern. Aus Walnussöl, weißem Balsamicoessig, Salz und Pfeffer eine Vinaigrette herstellen und den Feldsalat damit marinieren.
Die Radieschen waschen und zum Feldsalat geben.

8 Die Speckscheiben in einer Pfanne in Pflanzenöl knusprig braten.

9 Die Käsespätzle aus der Auflaufform nehmen und auf die Teller geben. Die geschmorten Zwiebeln darauf anrichten und den Feldsalat mit dem knusprigen Speck dazu reichen.

RUCOLA-ZIEGENKÄSE-RAVIOLI MIT OLIVEN IN SALBEIBUTTER

FÜR 2 PERSONEN

RAVIOLITEIG

120 g Mehl Type 405
120 g Hartweizengrieß
1 Ei
5 Eigelb
5 g Salz

RUCOLA-ZIEGENKÄSE-FÜLLUNG

50 g Rucola
25 g Parmesan
1 Scheibe Toast
80 g Ziegenfrischkäse
50 g Ricotta
1 Eigelb
Salz, Pfeffer

SALBEIBUTTER

100 g Butter
2 Zweige Salbei
20 g Pinienkerne
60 g grüne Oliven ohne Stein
20 g Rucola
40 g Parmesan
grobes Meersalz

1 Für den Ravioliteig das Mehl in eine Schüssel geben und zusammen mit dem Hartweizengrieß, dem Ei, 5 Eigelb und Salz zu einem glatten Nudelteig verkneten. Den Nudelteig in Frischhaltefolie wickeln und 1 Stunde im Kühlschrank ruhen lassen.

2 Für die Füllung den Rucola waschen und kurz in kochendem Wasser blanchieren. Danach den Salat kalt abschrecken, gut ausdrücken und grob hacken. Den Parmesan fein reiben. Die Rinden der Toastscheibe abschneiden und den Toast im Mixer fein zerkleinern.

3 Den zerkleinerten Toast mit Parmesan, Ziegenfrischkäse, Ricotta und dem gehackten Rucola vermengen und mit Salz und Pfeffer abschmecken. Die Füllung 30 Minuten kalt stellen.

4 Eine Hälfte des Ravioliteiges dünn ausrollen und mit einem Teelöffel kleine Häufchen von der Füllung aufsetzen. 1 Eigelb mit etwas Wasser verrühren und die Zwischenräume des Ravioliteigs damit bepinseln. Die zweite Hälfte Teig dünn ausrollen und die Füllung damit bedecken. Die obere Lage Teig andrücken und mit einem Ausstechring Ravioli ausstechen.

5 Die Ravioli in leicht köchelndem Salzwasser 3-4 Minuten garen.

6 Die Butter in einem kleinen Topf schmelzen. Den Salbei waschen, die Blätter von den Stielen zupfen und in Streifen schneiden. Die Pinienkerne in einer Pfanne ohne Fett rösten. Die Oliven in Scheiben schneiden. Salbeistreifen, Pinienkerne und Olivenscheiben in die Butter geben und dort warm ziehen lassen.

7 Die Ravioli in tiefen Pasta-Tellern anrichten und mit der Salbeibutter beträufeln. Den Rucola waschen, abtropfen lassen und über die Ravioli verteilen. Den Parmesan in feine Scheiben hobeln. Abschließend das Gericht mit den Parmesanscheiben und etwas Meersalz bestreuen und servieren.

B

BEEREN

Meine jüngste Tochter Zoe und ich haben eine kulinarische Gemeinsamkeit: Wir sind beide »Süße«. Das beinhaltet nicht nur Zucker und Schokolade, sondern auch die gesündere Variante des Süßen, die Beeren. Wenn die ersten roten Erdbeeren im Mai wachsen, gehen wir sie gern selbst pflücken. Dabei wird natürlich auch sofort kräftig genascht und schon darüber nachgedacht, was wir daheim mit den Früchten zubereiten werden.

Erdbeeren, Brombeeren, Himbeeren und viele weitere Sorten an Beerenfrüchten sind nicht nur Bestandteil köstlicher Desserts, sondern lassen sich auch wunderbar in kalte Vorspeisen und Hauptgänge integrieren.

Bei der Auswahl der Rezepte für dieses Kapitel habe ich mich auf jeden Fall auch für Zoes Lieblingsdessert entschieden, ein Erdbeerparfait mit Mandelhippen. Viel Spaß beim Naschen!

BLATTSALATE MIT HIMBEERVINAIGRETTE & GEZUPFTEM ZIEGENKÄSE

FÜR 2 PERSONEN

HIMBEERVINAIGRETTE

70 g Himbeeren
50 ml Himbeeressig
15 g Honig
12 g Senf
60 ml Walnussöl
20 ml Orangensaft
Salz, Pfeffer

BLATTSALATE & ZIEGENKÄSE

500 g gemischte Blattsalate
4 Ziegenkäsetaler
1/2 Bund Schnittlauch
100 g Himbeeren

1 Die Himbeeren vorsichtig waschen, in ein hohes Gefäß füllen und mit dem Mixstab fein pürieren. Das Himbeermark durch ein Sieb in eine Schüssel geben und mit Himbeeressig, Honig, Senf, Walnussöl und Orangensaft verrühren. Die Himbeervinaigrette mit Salz und Pfeffer abschmecken.

2 Die Blattsalate in kaltem Wasser waschen, abtropfen lassen und in einer Salatschleuder trockenschleudern. Die Ziegenkäsetaler in Stücke zupfen. Den Schnittlauch in feine Röllchen schneiden.

3 Die Blattsalate auf Tellern anrichten und mit der Himbeervinaigrette marinieren. Die ganzen Himbeeren zusammen mit dem gezupften Ziegenkäse dekorativ darauf verteilen und die Schnittlauchröllchen über den Salat streuen.

TIPP: FÜR EINEN ZUSÄTZLICHEN CRUNCH WALNUSSKERNE IN EINER PFANNE OHNE FETT RÖSTEN UND ÜBER DEN SALAT GEBEN.

BROMBEER-TIRAMISU

FÜR 2 PERSONEN

TIRAMISU

220 g Zucker
150 ml Espresso
40 ml Amaretto
6 Eigelb
1 Vanilleschote
450 g Mascarpone
3 Blatt Gelatine
180 ml Sahne
150 g Löffelbiskuits
250 g Brombeeren
1 EL Kakao

BROMBEERSAUCE

125 g Brombeeren
40 ml Cassislikör
30 g Zucker

1 Für das Brombeer-Tiramisu 2 EL Zucker im heißen Espresso auflösen und den Amaretto zugeben.

2 Die Eigelbe mit dem restlichen Zucker und dem ausgekratzten Mark der Vanilleschote in eine Schüssel geben und mit den Schneebesen des Handmixers schaumig schlagen. Den Mascarpone unterrühren.

3 Die Gelatine in kaltem Wasser einweichen, danach gut ausdrücken und mit 6 EL Mascarponemasse in einem Topf erwärmen, bis sich die Gelatine auflöst.

4 Den erwärmte Mascarpone nun unter ständigem Rühren wieder zurück zur restlichen Mascarponemasse geben und gut vermengen. Die Sahne steif schlagen und unterheben.

5 Den Boden einer Glasschale oder einer Auflaufform mit Löffelbiskuits auslegen und mit der Espresso-Amaretto-Mischung beträufeln. Darauf ein Drittel der Mascarponecreme verteilen.

6 Von den Brombeeren einige schöne Exemplare zur Garnitur heraussuchen und beiseitestellen. Die restlichen Brombeeren auf der Mascarponecreme verteilen und mit einem weiteren Drittel Mascarpone bedecken. Darauf die nächste Lage Löffelbiskuits verteilen und mit Espresso tränken. Zum Schluss das letzte Drittel der Mascarponecreme auftragen und schön glattstreichen.

7 Das Tiramisu abgedeckt 3 Stunden im Kühlschrank durchziehen lassen. Anschließend mit Kakaopulver bestäuben.

8 Für die Sauce die Brombeeren mit dem Cassislikör und dem Zucker in einem hohen Gefäß mit dem Mixstab pürieren und durch ein feines Sieb passieren. Die Sauce in einer Schüssel auffangen und glattrühren.

9 Mit einem Esslöffel Nocken vom Tiramisu abstechen und zusammen mit der Brombeersauce auf Tellern anrichten. Mit den zurückgelegten Brombeeren garnieren.

ERDBEERPARFAIT MIT MANDELHIPPEN

FÜR 2 PERSONEN

ERDBEERPARFAIT

450 g Erdbeeren
30 g Zucker
1/2 Zitrone
2 Eier
40 g Puderzucker
1/2 Vanilleschote
125 ml Sahne
Salz

MANDELHIPPEN

55 g Butter
25 g Honig
20 g Glukosesirup
30 g Zucker
70 ml Sahne
75 g gehobelte Mandeln

1 Für das Parfait die Erdbeeren waschen und den grünen Steilansatz abschneiden. 300 g Erdbeeren abwiegen und zusammen mit 30 g Zucker und dem Saft einer halben Zitrone mit einem Mixstab pürieren. Die Erdbeersauce durch ein feines Sieb streichen und 2 EL für die Garnitur abnehmen und zur Seite stellen.

2 Die Eier trennen und das Eiweiß aufbewahren. Die Eigelbe zusammen mit dem Puderzucker, dem ausgekratzten Mark einer halben Vanilleschote und 3 EL Erdbeersauce in einem Aufschlagkessel über einem heißen Wasserbad zunächst warm aufschlagen.

3 Danach den Rührkessel vom Wasserbad nehmen und die Eigelbe kalt schaumig schlagen. Die restliche Erdbeersauce unterrühren. Die Sahne steif schlagen und locker unterheben.

4 Das aufbewahrte Eiweiß mit einer Prise Salz steif schlagen und unter das Parfait heben.

5 Die restlichen 150 g Erdbeeren in Scheiben schneiden. Einige Scheiben kreisrund um den Rand von zwei Auflaufförmchen herumlegen und das Parfait in die Förmchen einfüllen.

6 Das Erdbeerparfait 4 Stunden im Tiefkühler gefrieren lassen und anschließend stürzen.

7 Für die Mandelhippen die Butter mit Honig, Glukosesirup, Zucker und Sahne in einem Topf erhitzen und 2 Minuten kochen lassen.

8 Die gehobelten Mandeln in eine Schüssel geben und die gekochte Honigsahne hineingießen. Alles kurz verrühren und erkalten lassen.

9 Von der Masse mit einem Teelöffel kleine Haufen abstechen und mit Abstand auf ein Backblech mit Backpapier setzen. Bei 170 °C im Umluftofen 6 Minuten backen. Die fertigen Mandelhippen auf dem Backblech erkalten lassen.

10 Zwei Dessertteller mit den restlichen Erdbeerscheiben kreisförmig auslegen und das gestürzte Erdbeerparfait mittig darauf anrichten. Mit den 2 EL Erdbeersauce garnieren und die Mandelhippen dazu servieren.

F
FAMILIENZEIT

Als professioneller Koch ist man bestrebt, jeden Tag noch ein bisschen besser zu werden. Man feilt an den bestehenden Gerichten, probiert neue Ideen aus, ist auf der Suche nach besonderen Zutaten und den besten Produkten. Der Kreativität sind keine Grenzen gesetzt, und es ist spannend, auch in andere Länderküchen einzutauchen und alles aufzusaugen, was das eigene Kochrepertoire noch ergänzen könnte. Resultat meiner Kochleidenschaft sind heute zwei Michelin-Sterne, Auszeichnungen zum Koch des Jahres, etliche Punkte, Hauben und viele weitere hohe Bewertungen in den besten Restaurantführern, auf die ich sehr stolz bin.

Dabei noch genug Zeit und Aufmerksamkeit für meine Familie zu finden ist nicht immer leicht. Ich bin aber in der glücklichen Lage, eine sehr verständnisvolle Freundin zu haben und zwei wundervolle Töchter, die auch selbst gerne kochen und genießen.

» SCHON DER EINKAUF AUF DEN NAHE GELEGENEN MÄRKTEN STIMMT MICH AUF DAS KOMMENDE KOCHFIEBER EIN. «

Auch an meinen freien Tagen koche ich leidenschaftlich gern. Schon der Einkauf auf den nahe gelegenen Märkten stimmt mich auf das kommende Kochfieber ein. Natürlich gehe ich auch mal in unterschiedliche Restaurants essen und schlüpfe zur Abwechslung in die Rolle des Gastes. Aber am liebsten koche ich zu Hause für meine Familie. Dabei kann ich dann auch das ein oder andere ausprobieren, und die Reaktionen meiner Freundin und meiner Töchter zeigen mir, ob die neue Idee erfolgversprechend ist.

Wenn es mal schnell gehen muss, lässt sich auch in kurzer Zeit eine Kleinigkeit zubereiten. Das ist bei uns meist unter der Woche der Fall, wenn wir alle mit Arbeit oder Schule beschäftigt sind. Da darf es gerne eine einfache Küche sein, aber mit gesunden und leckeren Produkten. Ein frischer Salat mit Nüssen und Obst passt eigentlich immer. Das Dressing macht meistens meine Tochter Sophia. Aus fruchtigen Essigen und geschmackstiefen Olivenölen macht sie die besten Salatsaucen, die ich kenne.

An Sonntagen koche ich traditionell immer eine wunderbare Wohlfühlküche und nehme mir dafür viel Zeit. Hilfe bekomme ich von Roya, die gerne mit schnippelt und zwischendurch probiert. Dabei können wir uns in aller Ruhe unterhalten und uns über die Dinge, die in der Woche passiert sind, austauschen.

Bei uns gibt es oft Fisch. Das muss nicht unbedingt an Hamburg und seiner Nähe zum Meer liegen. Aber so ein wunderbarer Kabeljau, schneeweiß und fangfrisch, mit einem süßlichen Erbsenpüree ist einfach schwer zu toppen. Dagegen schwärmt meine Tochter Zoe für kräftige Fleischgerichte. Wiener Schnitzel, Züricher Geschnetzeltes oder ein köstliches Hühnchen sind ihre Favoriten. Auch einem Tiramisu kann sie nicht widerstehen.

Das Schöne ist, dass wir am Wochenende in der Küche und am Tisch viel Zeit miteinander verbringen. Das ist kostbare Familienzeit, die wir in der Woche, auch aufgrund meiner Arbeitszeiten, nur selten haben. Ich habe wirklich sehr viel Glück mit meiner Familie und kann bei ihr an meinen freien Tagen die verbrauchte Energie wieder auftanken.

Q

QUARK

Was genau ist eigentlich Quark? Für Quark wird entrahmte und pasteurisierte Milch durch Sauermilchbakterien und Lab eingedickt. Anschließend wird die frische Käsemasse durch Zentrifugieren von der Molke getrennt. Der so entstandene Magerquark wird durch Zugabe von Sahne in entsprechende Fettstufen eingeteilt: Magerquark enthält weniger als 10% Fett, Speisequark hat 20% und Sahnequark 40% Fett.

Ich habe je ein Rezept für Quark mit der entsprechenden Fettstufe entworfen. Übrigens wird Quark in der österreichischen Küche »Topfen« genannt und in der süddeutschen Küche »Schotten«. Wir in Norddeutschland nennen ihn einfach »Quark« und beziehen ihn am liebsten von lokalen Molkereien.

QUARKKEULCHEN MIT APFEL-ZIMT-KOMPOTT

FÜR 2 PERSONEN

QUARKKEULCHEN

250 g Kartoffeln
1 Ei
160 g Speisequark
30 g Zucker
100 g Mehl
4 EL Pflanzenöl
1 EL Puderzucker
Salz

APFEL-ZIMT-KOMPOTT

4 Äpfel Sorte Boskop
50 g Zucker
100 ml Apfelsaft
1 Zimtstange

1 Für die Quarkkeulchen die Kartoffeln mit Schale waschen und in einem Topf weichkochen. Sobald die Kartoffeln gar sind, das Kochwasser abgießen und die Kartoffeln kurz ausdämpfen lassen.

2 Anschließend die Kartoffeln pellen und durch die Kartoffelpresse in eine Schüssel drücken. Ein Ei, Speisequark, Zucker und etwas Salz zufügen und verrühren. Zum Schluss das Mehl hinzugeben.

3 Die Quarkmasse auf einer bemehlten Arbeitsfläche zu einer Rolle formen und in 2 cm dicke Scheiben schneiden.

4 Das Pflanzenöl in einer Pfanne erhitzen und die Quarkkeulchen beidseitig darin goldgelb braten. Die gebratenen Quarkkeulchen mit Puderzucker bestäuben.

5 Für das Apfel-Zimt-Kompott die Äpfel schälen, vierteln, entkernen und grob würfeln. Den Zucker und 1 EL Wasser in einen Topf geben und erhitzen. Sobald das Wasser verdampft ist, beginnt der Zucker zu karamellisieren.

6 Von den Apfelwürfeln 450 g abwiegen und zum Karamell in den Topf geben. Mit Apfelsaft ablöschen und die Zimtstange hinzufügen. Den Topf mit einem Deckel verschließen und die Äpfel bei mäßiger Hitze ca. 10-15 Minuten weichkochen.

7 Wenn die Äpfel weich sind, die Zimtstange entfernen und die Äpfel mit einem Pürierstab fein mixen.

8 Die gebratenen Quarkkeulchen auf Tellern anrichten und das Apfel-Zimt-Kompott dazu reichen.

QUARKSCHAUM MIT KIRSCHGRANITÉ UND GLACIERTEN KIRSCHEN

FÜR 2 PERSONEN

QUARKSCHAUM
1 Ei
35 g Zucker
1 Prise Salz
100 ml Sahne
50 g Sahnequark
1 Bio-Zitrone
1 EL Honig

KIRSCHGRANITÉ
300 ml Kirschsaft
1/2 Zimtstange
1/2 Sternanis
1 Scheibe Ingwer
1 Bio-Zitrone

GLACIERTE KIRSCHEN
100 g Kirschen
20 g Zucker
150 ml Kirschsaft
1 Nelke
1/2 Sternanis
1/4 Zimtstange
1 TL Speisestärke

BUTTERSTREUSEL
60 g Mehl
35 g Zucker
1 EL Vanillezucker
1 Prise Salz
40 g Butter
Minzblätter

1 Für den Quarkschaum das Ei trennen und das Eiweiß mit 10 g Zucker und einer Prise Salz zu steifem Eischnee aufschlagen. Die Sahne mit den restlichen 25 g Zucker ebenfalls steif schlagen.

2 Den Sahnequark in eine Schüssel geben und etwas abgeriebene Zitronenschale und den Honig zufügen. Alles gut miteinander vermengen. Anschließend zuerst die geschlagene Sahne unterrühren und danach vorsichtig den Eischnee unterheben. Den Quarkschaum abgedeckt im Kühlschrank kaltstellen.

3 Für das Kirschgranité den Kirschsaft zusammen mit der halben Zimtstange, dem Sternanis, der Ingwerscheibe, 1 Streifen Zitronenschale und 20 ml ausgepresstem Zitronensaft in einen Topf geben und aufkochen lassen.

4 Den heißen Saft mit den Gewürzen 10 Minuten ziehen lassen und anschließend durch ein Sieb in eine Schüssel füllen. Den Kirschsaft abkühlen lassen und anschließend in einer rechteckigen Schale im Gefrierfach einfrieren. Dabei in regelmäßigen Abständen mit einer Gabel umrühren, bis das Granité vollständig gefroren ist.

5 Für die glacierten Kirschen zuerst die Kirschen waschen, halbieren und entsteinen. Den Zucker und 1 EL Wasser in einem Topf erhitzen. Sobald das Wasser verdampft ist, beginnt der Zucker goldgelb zu karamellisieren. Dann mit dem Kirschsaft ablöschen und die Nelke, den halben Sternanis und das Viertel der Zimtstange zugeben.

6 Den Sud um die Hälfte reduzieren lassen und die Gewürze entfernen. Die Speisestärke mit etwas kaltem Wasser anrühren und den Sud damit binden. Die halbierten Kirschen hinzugeben und alles erkalten lassen.

7 Für die Butterstreusel das Mehl mit Zucker, Vanillezucker und einer Prise Salz in einer Schüssel mischen. Die Butter in Würfel schneiden und zugeben. Alles gut miteinander verkneten und mit Frischhaltefolie abgedeckt 1 Stunde im Kühlschrank ruhen lassen.

8 Danach den Teig mit den Fingern zu Streuseln zerreiben. Die Butterstreusel auf einem Backblech mit Backpapier etwa 9 Minuten im 180 °C heißen Umluftofen hellbraun backen und anschließend abkühlen lassen.

9 Die glacierten Kirschen auf tiefe Schalen verteilen und darauf etwas Quarkschaum geben. Mit einer Gabel das Kirschgranité abkratzen und auf dem Quarkschaum anrichten. Die Butterstreusel daneben verteilen und mit ein paar Minzblättern garnieren.

QUARKSOUFFLÉ MIT ZWERGORANGEN-MANGO-RAGOUT

FÜR 2 PERSONEN

QUARKSOUFFLÉ

100 g Magerquark
100 g saure Sahne
1 Bio-Zitrone
2 Eier
40 g Zucker
1 Prise Salz
1 EL Speisestärke
etwas Butter und Zucker für die Förmchen

ZWERGORANGEN-MANGO-RAGOUT

300 ml Orangensaft
1/2 TL Speisestärke
100 g Zwergorangen
150 g Zucker
1 Mango
etwas Zitronenmelisse

1 Für das Quarksoufflé den Magerquark und die saure Sahne in eine Schüssel geben und verrühren.

2 Von der Bio-Zitrone mit einem Zestenreißer etwas Zitronenschale in Streifen abschneiden und für die Garnitur beiseitestellen. Die restliche Zitronenschale fein abreiben und etwas vom Abrieb zum Quark geben.

3 Die Eier trennen und die Eigelbe unter den Quark rühren. Das Eiweiß mit einer Prise Salz in eine separaten Schüssel geben. Mit dem elektrischen Handrührer das Eiweiß zu steifem Schnee aufschlagen. Dabei den Zucker einrieseln lassen und zuletzt die Speisestärke unter das Eiweiß rühren.

4 Den geschlagenen Eischnee locker und vorsichtig unter die Quarkmasse heben.

5 Zwei Souffléförmchen mit 9 cm Durchmesser mit etwas flüssiger Butter auspinseln und mit Zucker ausstreuen.

6 Die Förmchen randvoll mit Quarkmasse füllen und in eine Auflaufform setzen. Heißes Wasser 1 cm hoch in die Auflaufform gießen. Die Souffléförmchen in der Auflaufform für ca. 20 Minuten bei 200 °C Ober- und Unterhitze in den Ofen schieben.

7 Für das Zwergorangen-Mango-Ragout den Orangensaft in einem Topf erhitzen und um die Hälfte reduzieren. Die Orangenreduktion mit etwas angerührter Speisestärke leicht binden.

8 Die Zwergorangen in Scheiben schneiden. 150 ml Wasser mit 150 g Zucker in einem Topf zu einem sogenannten »Läuterzucker« aufkochen lassen.

9 Die Zwergorangenscheiben 2 Minuten im Läuterzucker kochen lassen und danach in ein Sieb abgießen. Den Läuterzucker auffangen und die aufbewahrten Zitronenstreifen ebenfalls für 2 Minuten darin kochen.

10 Die Mango schälen und in Würfel schneiden. Die Mangowürfel und die Zwergorangenscheiben in die Orangenreduktion geben und alles vorsichtig zu einem Ragout verrühren.

11 Das Zwergorangen-Mango-Ragout auf Dessertteller verteilen. Das Quarksoufflé aus dem Ofen nehmen und vorsichtig aus den Förmchen auf die Teller stürzen. Die Zitronenstreifen auf dem Soufflé anrichten und alles mit etwas Zitronenmelisse garnieren.

REGISTER

A BIS Z

SALATE

SUPPEN

GEMÜSEGERICHTE

FISCH UND MEERESFRÜCHTE

GEFLÜGEL

FLEISCH

PASTA UND TEIGWAREN

SÜSSSPEISEN

D

DANKESCHÖN

Mein ganz besonderer Dank geht an meine Freundin Roya, an meine beiden Töchter Zoe-Charlotte und Sophia-Madeleine und an meine Eltern in Essen. Eure vielfältige Unterstützung gibt mir erst die Möglichkeit, meiner Berufung nachzugehen und ein glücklicher Genießer zu sein.

Und auch ein besonderer Dank geht an meinen Freund und Küchenpartner Tobias Günther, der mir bei der Zubereitung und dem Styling der Gerichte für dieses Buch maßgeblich geholfen hat. Du bist ein großes Vorbild für viele junge Köche und auch für mich. Ich freue mich auf viele weitere Jahre mit dir.

Herzlichen Dank an meinen Arbeitgeber, die Familie Dohle, ohne deren Rückhalt und Visionen der Erfolg dieses Kochbuchs nicht möglich gewesen wäre. Gleichfalls danke ich ganz herzlich dem Direktoren-Ehepaar Familie Peters für ihre stetige Unterstützung und den Einsatz an der Weiterentwicklung des Hotels Vier Jahreszeiten und unserer Gastronomie.

Ich danke auch ganz besonders meinen langjährigen Auftraggebern Gert Schambach und Christina Kemlitz für den Input und die Unterstützung bei der Umsetzung dieses Projekts. Herzlichen Dank!

Bei Jan-Peter Westermann, Fotograf und Herausgeber, möchte ich mich für die tollen Fotos sowie die wunderbare Zusammenarbeit in der Konzeption und Entwicklung zu diesem Buch bedanken. In den vielen Stunden der Findung habe ich in unserem Hamburger Team, bestehend aus der Grafikerin Anja Laukemper, der Stylistin Miriam Geyer und ihm, gesehen, was es alles braucht, um meine kulinarischen Ideen in einem Buch umzusetzen. Danke für die vielen Stunden des Austauschs und der Optimierung!

Herzlichen Dank an den Mosaik Verlag und die Penguin Random House Verlagsgruppe, insbesondere an Cornelia Hanke und Nadja Meister, die sich von meiner Idee begeistern ließen und dieses Buch professionell umgesetzt haben.

Großer Dank geht auch an mein Team aus Küche und Service, ohne die eine reibungslose Arbeit in meiner Sterneküche nicht möglich wäre. Herzlichen Dank an Steffen, Marius, Stephan, Christian, Phillip, Sinja, Alex, Alena, Alexander, Jasper, Tamara, Edward, Anton und Daniel. Und selbstverständlich Tobias!

Und natürlich auch ein herzliches Dankeschön an Sie, liebe Leser und Kochbegeisterte, die sich für mein Kochbuch entschieden haben. Ihnen sei dieses Buch im Besonderen gewidmet. Ich freue mich sehr, wenn Sie meine Rezepte auch in Ihre Küche daheim einfließen lassen.

Abschließend noch ein letzter Dank an meine Tante Berta. Im nächsten Leben sehen wir uns wieder und kochen erneut gemeinsam!

IMPRESSUM

Penguin Random House Verlagsgruppe FSC® N001967

1. Auflage
Originalausgabe Oktober 2021

Herausgeber: Jan-Peter Westermann
Gestaltung: Anja Laukemper
Fotografie und Settings: Jan-Peter Westermann
Fotoassistenz: Karla Gottschow, Patrick Schwanz
Requisite Foodfotografie: Miriam Geyer
Requisite Peoplefotografie: Jan-Peter Westermann
Foodstyling Christoph Rüffer
Foodstyling Assistenz: Tobias Günther
Redaktion: Dagmar Rosenberger
Reproduktion: Regg Media GmbH, München
Druck und Bindung: DZS Grafik d.o.o., Ljubljana
Printed in Slovenia
CH · AS
ISBN 978-3-442-39391-6

www.mosaik-verlag.de

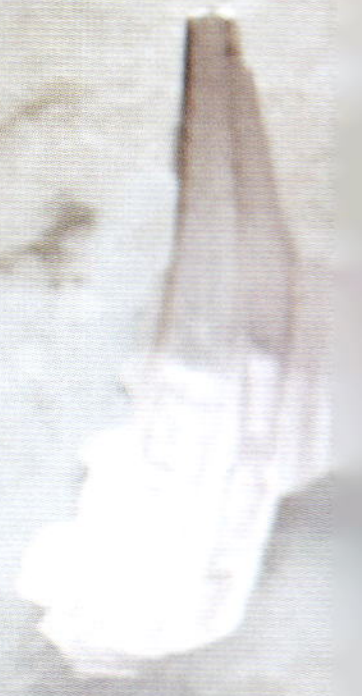